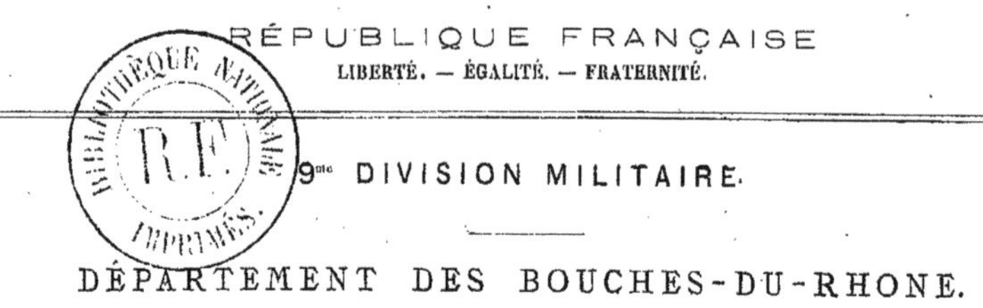

RÉPUBLIQUE FRANÇAISE

LIBERTÉ. — ÉGALITÉ. — FRATERNITÉ.

9me DIVISION MILITAIRE.

DÉPARTEMENT DES BOUCHES-DU-RHONE.

COMPTE-RENDU DES TRAVAUX

DE LA

COMMISSION DE DÉSARMEMENT

DE LA VILLE DE MARSEILLE

Avec pièces à l'appui.

DU 6 AVRIL AU 30 JUIN 1871.

MARSEILLE

TYPOGRAPHIE MARIUS OLIVE

RUE SAINTE, 39.

1871

RÉPUBLIQUE FRANÇAISE

LIBERTÉ. — ÉGALITÉ. — FRATERNITÉ.

9me DIVISION MILITAIRE.

DÉPARTEMENT DES BOUCHES-DU-RHONE.

COMPTE-RENDU DES TRAVAUX
DE LA
COMMISSION DE DÉSARMEMENT
DE
LA VILLE DE MARSEILLE

Avec pièces à l'appui.

DU 6 AVRIL AU 30 JUIN 1871.

Une Commission insurrectionnelle avait usurpé l'administration de la ville de Marseille et du département des Bouches-du-Rhône.

L'Assemblée nationale, ayant jugé urgent d'employer des moyens prompts et énergiques pour rendre à la liberté et à la direction des affaires les fonctionnaires civils et militaires honorés de sa confiance et investis de ses pouvoirs, M. le contre-amiral Cosnier, préfet des Bouches-du-Rhône, M. le général Ollivier, commandant la brigade, M. Bory, maire de Marseille, etc., avait transmis ses instructions au général Espivent de la Villesboisnet, commandant la 9e division militaire à Toulon, lequel porta son quartier général à Aubagne, où il rédigea l'ordre qui suit :

RÉPUBLIQUE FRANCAISE

LIBERTÉ. — ÉGALITÉ. — FRATERNITÉ.

9e DIVISION MILITAIRE. — ÉTAT-MAJOR GÉNÉRAL.

ORDRE DE LA DIVISION.

Considérant que la ville de Marseille est occupée par des étrangers en armes qui soutiennent un gouvernement insurrectionnel et factieux ;

Considérant que ces hommes, en arrêtant le préfet, le général de brigade, le maire, et remplaçant le Conseil municipal par une commission révolutionnaire, ont suspendu eux-mêmes l'action de l'administration civile ;

Considérant que la population de Marseille, en tolérant cet état de choses, s'est placée et se maintient en état d'insurrection ouverte contre le gouvernement de la République ;

Considérant que pour donner à cette population le temps de réfléchir et de réagir contre ces étrangers qui la dominent, nous avons concentré au dehors les troupes de la garnison et porté le quartier général de la Division à Aubagne, devenu, ainsi, poste militaire.

Vu le décret du 17 octobre 1863 ; vu la présence de rebelles en armes dans un rayon de moins de cinq jours de marche : le département des Bouches-du-Rhône est déclaré en état de guerre.

Toutes les autorités civiles relèveront, désormais, de l'autorité militaire.

Il n'est rien changé à l'action des pouvoirs judiciaires.

Au quartier général, à Aubagne, 26 mars 1871.

Le général commandant l'état de siége,

ESPIVENT DE LA VILLESBOISNET.

Huit jours plus tard le général faisait afficher dans Marseille la proclamation de l'état de siége :

RÉPUBLIQUE FRANÇAISE.

LIBERTÉ. — ÉGALITÉ. — FRATERNITÉ.

9e DIVISION MILITAIRE. — ÉTAT-MAJOR GÉNÉRAL.

PROCLAMATION
De l'état de siége dans la commune de Marseille.

Vu la loi du 17 juillet 1791 ;

Vu l'ordre de la Division, du 26 mars 1871, établissant que la ville d'Aubagne a été constituée en état de poste militaire et de quartier-général de la Division ;

Considérant que les forts Saint-Nicolas et Saint-Jean, ainsi que la garnison sont bloqués par des rebelles en armes qui se sont réunis, non-seulement sans l'autorisation des magistrats, mais encore pour procéder à l'arrestation illégale de ces magistrats ;

Considérant qu'en outre il s'est établi, à Marseille, un prétendu gouvernement insurrectionnel se disant agir au nom de la Commune de Paris, qui a prononcé la dissolution du Conseil municipal, a provoqué illégalement des élections à l'effet d'instituer une Commune révolutionnaire, et a annoncé la destitution des autorités légales de la République ;

Considérant que les troupes occupant les cantonnements dans la commune de Marseille, ainsi que les forts précités, se trouvent à moins de trois journées de marche des rassemblements factieux ;

Le général commandant la 9e division militaire, toutes les circonstances qui, d'après la loi, motivent l'état de siége étant ainsi remplies,

ARRÊTE :

La ville et la commune de Marseille sont mises en état de siége.

Les autorités civiles et militaires sont chargées de l'exécution du présent arrêté, conformément aux lois en vigueur, dans l'étendue de la République.

Fait au quartier-général, à Aubagne, le 2 avril 1871.

Le général commandant la 9e division militaire.
ESPIVENT DE LA VILLESBOISNET.

Cette proclamation de l'état de siége fut suivie, le même jour, d'un *ordre* interdisant à la garde nationale de se réunir en armes sans autorisation écrite :

RÉPUBLIQUE FRANÇAISE.

LIBERTÉ. — ÉGALITÉ. — FRATERNITÉ.

9e DIVISION MILITAIRE. — ÉTAT-MAJOR GÉNÉRAL.

ORDRE DU JOUR.

Aubagne, 2 avril 1871.

Vu la loi du 16 juillet 1791 ;

Vu le décret du 13 octobre 1863 ;

Vu l'ordre de la division en date du 26 mars, mettant le département en état de guerre ;

Considérant qu'en vertu de la loi précitée, la *Garde nationale* des places en état de guerre, passe sous les ordres exclusifs de l'autorité militaire,

Le général commandant la 9e division militaire,

« Défense absolue est faite à la *Garde nationale* « *de Marseille* de se réunir en armes sans un « ordre écrit et positif émané du général com- « mandant la 9e division militaire. »

Les contrevenants seront poursuivis conformément aux lois en vigueur en vertu de l'état de guerre.

Les chefs de bataillon, chacun en ce qui le concerne, sont chargés de l'exécution du présent ordre dont lecture immédiate sera faite aux officiers des bataillons qu'ils commandent.

Fait au quartier général, à Aubagne, le 2 avril 1871.

Le général commandant la 9e division militaire,
ESPIVENT DE LA VILLESBOISNET.

L'insurrection prit alors un caractère plus tranché et concentra ses forces dans l'hôtel de la Préfecture, qu'elle changea en forteresse pourvue d'armes et de munitions.

De son côté, le général Espivent, pour confirmer son ordre du jour, fit avancer les troupes cantonnées dans la banlieue, lesquelles, avec le secours des marins de la flotte et de ceux des bataillons de la garde nationale qui étaient disposés à la défense de l'ordre, purent, après quelques heures de combat et de bombardement dans la journée du 4 avril, mettre fin à l'émeute.

L'ordre rétabli, le général fit immédiatement afficher la proclamation suivante :

RÉPUBLIQUE FRANÇAISE.

LIBERTÉ. — ÉGALITÉ. — FRATERNITÉ.

9e DIVISION MILITAIRE. — ÉTAT-MAJOR GÉNÉRAL.

PROCLAMATION ET ARRÊTÉ

DU GÉNÉRAL COMMANDANT L'ÉTAT DE SIÉGE.

Habitants de Marseille,

C'est avec un profond regret que j'ai dû recourir à la force pour rétablir dans votre ville le gouvernement légitime de la République. La graduation même des moyens employés prouve le vif désir que nous avions tous de réduire autant que possible l'effusion du sang. J'ai reçu tous les parlementaires qui se sont présentés ; j'ai accordé délais sur délais pour la remise des armes ; les premiers pelotons ont chargé, le sabre dans le fourreau ; les premiers coups de canon ont été tirés à poudre, et je n'ai eu recours aux effets redoutables de l'artillerie que lorsque la vivacité du feu qui partait des fenêtres de la préfecture m'a démontré qu'il faudrait exposer beaucoup d'hommes pour enlever par tout autre moyen ce poste formidable.

Les avertissements de toute nature n'ont pas manqué aux rebelles, car je leur faisais communiquer en même temps les dépêches que je recevais du Gouvernement et qui, annonçant les défaites multipliées des révoltés de Paris, permettaient d'espérer la fin très prochaine de cette insurrection si coupable.

La préfecture, dernier foyer de la résistance, a été occupée le soir même de l'attaque par nos braves auxiliaires de la marine, au moment où je suspendais le feu de l'artillerie placée à Notre-Dame-de-la-Garde.

Il me reste un devoir à remplir, c'est de prévenir le retour de ces désordres qui sont tout à la fois une calamité pour notre pays, déjà si malheureux, une perte énorme pour votre florissante cité, une ruine pour beaucoup de familles. La proclamation de l'état de siége, faite conformément aux lois, m'a donné tous les pouvoirs nécessaires pour obtenir ce résultat. En conséquence, nous arrêtons ce qui suit :

Art. 1er. — Tous les clubs seront immédiatement fermés et les réunions publiques provisoirement suspendues, sauf le cas d'autorisation spéciale accordée par l'autorité compétente.

Art. 2. — Toutes les armes, munitions, engins de guerre ou uniformes pillés dans les gares, les casernes, les magasins de l'Etat, ou qui se trouveraient illégalement d'une manière quelconque entre les mains des citoyens devront être rapportées et remises avant 48 heures dans lesdits magasins, sous les peines édictées par la loi.

Art. 3. — La garde nationale de Marseille est dissoute, elle sera immédiatement désarmée et réorganisée.

Art. 4. — Tout journal qui pousserait à une insurrection nouvelle ou qui prêterait sa publicité aux actes d'un gouvernement insurrectionnel serait immédiatement et provisoirement supprimé.

Art. 5. — Aucune affiche traitant de matières politiques ne pourra être imprimée, apposée ou même colportée, ni insérée dans les journaux, sans l'approbation de l'autorité. Tout individu qui contreviendrait à cette prescription sera poursuivi conformément aux lois.

Je veux que la paix, l'ordre, la concorde se rétablissent le plus promptement possible entre vous, que le travail reprenne, que l'industrie soit libre et que le commerce retrouve sa prospérité.

Pour atteindre ce but, j'ajouterai, s'il le faut, aux dispositions qui précèdent, des prescriptions nouvelles ; mais que nul ne s'en alarme. Rétablir le plus tôt possible l'ordre public, le respect de la propriété et de la liberté individuelle, si fortement atteints depuis quelques jours, tel est le but unique de mes efforts.

Citoyens !

Nous sommes les véritables défenseurs de la liberté et de la République qui n'ont pas de pires ennemis que ceux qui s'insurgent contre le gouvernement issu des libres suffrages de la France tout entière.

Fait au quartier général, à Marseille, le 5 avril 1871.

Le général commandant l'état de siége,
ESPIVENT DE LA VILLESBOISNET.

L'article 3 de l'arrêté qui précède dissout la garde nationale et ordonne son désarmement immédiat.

En conséquence le général fit apposer les affiches suivantes :

RÉPUBLIQUE FRANCAISE.

LIBERTÉ. — ÉGALITÉ. — FRATERNITÉ.

9e DIVISION MILITAIRE. — ÉTAT-MAJOR GÉNÉRAL.

ORDRE DE LA DIVISION.

En exécution des ordres de ce matin, le général commandant l'état de siége, prescrit à tous les chefs de bataillon de la garde nationale, ainsi qu'aux commandants des batteries d'artillerie et des compagnies du génie, d'avoir à donner à l'état-major de la division, un état nominatif et par compagnies, des hommes de leur bataillon, avec indication de l'adresse de tous les gardes nationaux, et de ceux qui ont versé leurs armes ou qui les ont gardées ; les armes devront immédiatement être versées par leurs soins à la Préfecture.

Cet état sera fourni au plus tard le 7 avril à 10 heures du matin.

Au quartier général, à Marseille, le 5 avril 1871.

Le Général de division commandant l'état de siége,

ESPIVENT DE LA VILLESBOISNET.

Et le lendemain, parut l'arrêté ci-après transcrit, instituant une Commission dite *Commission de désarmement* :

RÉPUBLIQUE FRANÇAISE.

LIBERTÉ. — ÉGALITÉ. — FRATERNITÉ.

9e DIVISION MILITAIRE. — ÉTAT-MAJOR GÉNÉRAL.

ARRÊTÉ.

Conformément à notre arrêté du 5, afin de faciliter le désarmement de la garde nationale et d'accomplir cette opération dans les conditions les plus grandes d'impartialité, le général commandant l'état de siége, arrête les dispositions suivantes :

Une Commission composée de :

MM. Munier, colonel d'infanterie, président ;
Salvador, vice-président du Conseil de Préfecture ;
Spir, chef du 3me bataillon de la garde nationale ;
Pasquier, chef du 4me bataillon de la garde nationale ;
Caillet, capitaine d'artillerie de l'armée active ;
Hirschler, secrétaire de la Commission d'armement.

Se réunira à la Préfecture et fonctionnera à partir du 7 courant, de 9 heures du matin à midi, et de 2 heures à 5 heures.

Les armes seront livrées par bataillon, et par compagnies aux jours et heures indiqués ci-après :

Vendredi, 10 avril.

9 h. du matin, Génie. — 10 h., Artillerie. — 11 h., 18me bataillon. — 2 h. du soir, 17me bataillon. — 3 h., 16me bataillon. — 4 h., 15me bataillon.

Samedi, 8 avril :

9 h. du matin, 14me bataillon. — 10 h., 13me bataillon. — 11 h., 12me bataillon. — 2 h. du soir, 11me bataillon. — 3 h., 10me bataillon. — 4 h., 9me bataillon.

Lundi, 10 avril :

9 heures du matin, 8me bataillon. — 10 h., 7me bataillon. — 11 h., 6me bâtaillon. — 2 h., du soir, 5me bataillon, — 3 h., 4me bataillon. — 4 h., 3e bataillon.

Mardi, 11 avril :

De 10 h. à midi, 2me et 1er bataillons.

De 2 à 5 heures du soir, seront remises les armes qui n'auraient pas encore été livrées précédemment.

Les armes seront apportées par Messieurs les commandants de compagnie et les sergents-majors, porteurs des états nominatifs.

Un reçu parfaitement en règle leur sera délivré.

Au quartier-général de Marseille, le 6 avril 1871.

Le Général commandant l'état de siége,

ESPIVENT DE LA VILLESBOISNET.

Nota : En raison de leur éloignement, les 10e, 13e, 15e et 17e bataillons, dits *bataillons ruraux*, ne devaient être désarmés que postérieurement; en conséquence on apposa sur les affiches de l'arrêté ci-dessus une bande supplémentaire indiquant que :

Le désarmement des bataillons ruraux aura lieu le 12 avril.

Après cet arrêté, le général jugea convenable d'informer les habitants de Marseille que le désarmement était une mesure d'ordre et de sûreté générale qui ne préjugeait en rien sur quelques culpabilités individuelles ; il crut nécessaire de réglementer, tout d'abord, la manière dont aurait lieu la remise des armes avec une régularité officielle qui ne se ressentit en rien d'une panique; tels furent les motifs qui inspirèrent au général l'ordre ci-après :

RÉPUBLIQUE FRANÇAISE.

LIBERTÉ. — ÉGALITÉ. — FRATERNITÉ.

9e DIVISION MILITAIRE. — ÉTAT-MAJOR GÉNÉRAL.

ORDRE

DU GÉNÉRAL COMMANDANT EN CHEF.

Le désarmement de la garde nationale n'aura pas lieu individuellement; il devra s'effectuer par compagnie à la Préfecture.

Messieurs les chefs de bataillon sont invités à donner des instructions pour l'exécution du présent ordre.

Au quartier-général, à Marseille, le 6 avril 1871.

Le général commandant l'état de siége,
ESPIVENT DE LA VILLESBOISNET.

L'article 2 de l'arrêté du 5 avril relatif aux armes, munitions, engins de guerre ou uniformes pillés dans les gares, les casernes, les magasins de l'Etat, ou qui se trouveraient, illégalement, d'une manière quelconque, entre les mains des citoyens, prescrivait de les rapporter et remettre avant quarante-huit heures, dans les dits magasins, sous les peines édictées par la loi.

Les ateliers de la compagnie des Forges et chantiers de la Méditerranée, à Menpenti, installés comme un arsenal de la défense nationale, occupaient, depuis le 4 octobre, dans les ateliers d'armurerie, un nombre d'ouvriers qui s'était élevé à plus de cent cinquante pendant la guerre.

Au 1er avril, il y avait, en magasin, 3,632 fusils de divers modèles; la population ne l'ignorait pas; les ouvriers n'avaient reçu aucune injonction de silence à cet égard, de telle sorte que la commission insurrectionnelle put armer quelques-uns de ses séïdes à l'aide de *bons* qu'elle leur délivra; le surplus des armes fut pillé dès que l'anarchie secoua le joug des formes administratives.

Rapporter ultérieurement son arme à Menpenti, c'était déclarer, implicitement, que l'on avait pris une part active à l'insurrection.

Tous les citoyens eussent hésité à se délivrer un pareil brevet de culpabilité. Le général voulut éviter de faire naître cette suspicion ; c'est pourquoi il désigna sept localités pour recevoir les armes, sans qu'on y exigeât la désignation de leur provenance ni aucune explication de la part du déposant.

Toutefois, dans l'arrêté qui suit, il n'était nullement question des armes appartenant à des gardes nationaux, incorporés régulièrement dans leur compagnie :

RÉPUBLIQUE FRANÇAISE.

LIBERTÉ. — ÉGALITÉ. — FRATERNITÉ.

9e DIVISION MILITAIRE. — ÉTAT-MAJOR GÉNÉRAL.

ARRÊTÉ.

En exécution de l'art. 2 de l'arrêté du 5 avril 1871, le général commandant l'état de siége,

ARRÊTE :

Toutes les armes de guerre, soit armes à feu, soit armes blanches, c'est-à-dire tout ce qui n'est pas armes de chasse, possédées à un titre quelconque par les habitants de la commune de Marseille, devront être déposées depuis le 8 avril, à midi, jusqu'au 10 avril, à 6 heures du matin.

Afin d'éviter aux détenteurs un trop long parcours, les lieux de dépôts sont établis : 1. quartier de Cavalerie Menpenti ; — 2. Eldorado, place Saint-Michel ; — 3. Gare du chemin de fer ; — 4. Caserne des Incurables, près l'église Saint-Théodore ; — 5, Hôtel-de-Ville ; — 6, Caserne Saint-Victor ; — 7. Palais de Justice.

Aucune question ne sera posée aux personnes qui remettront ces armes ; le général leur assure une liberté complète à ce sujet.

En conséquence, aucune crainte sur les suites de la possession de ces armes ne doit exister dans l'esprit des détenteurs.

Ceux d'entre eux qui ne profiteront pas de cette immunité et qui, par suite, garderaient encore des armes seront, après le délai expiré, en état de rébellion et poursuivis avec la dernière rigueur.

Fait au quartier-général, à Marseille, le 6 avril 1871.

Le général commandant l'état de siége,
ESPIVENT DE LA VILLESBOISNET.

L'arrêté du 5, rendu en conséquence de l'état de siége, et qui ordonnait, d'une part la rentrée dans les magasins de toutes espèces d'armes, et d'autre part, *le désarmement de la garde nationale*, avait pour but le *désarmement complet de la population*. Les armes appartenant aux particuliers ne devaient pas être exceptées, afin de les mettre à l'abri du pillage et d'enlever tout prétexte à un coup de main.

En conséquence, le général fit afficher l'arrêté qui suit :

RÉPUBLIQUE FRANÇAISE.

LIBERTÉ. — ÉGALITÉ. — FRATERNITÉ.

9e DIVISION MILITAIRE. — ÉTAT-MAJOR GÉNÉRAL.

ARRÊTÉ

CONCERNANT LE DÉPÔT DES ARMES, PROPRIÉTÉS PARTICULIÈRES DES CITOYENS.

Conformément à notre arrêté, en date du 5 avril, toutes les armes de guerre, fusils, carabines, mousquetons, sabres, révolvers, etc., les fusils de chasse excepté, doivent être remis à la Préfecture à la Commission de désarmement.

Les armes, propriétés particulières des citoyens, seront étiquetées, avec soin, au nom du propriétaire et déposées dans un local spécial.

Un reçu sera délivré aux détenteurs, après vérification du titre en justifiant la possession.

Les armuriers ne sont pas exclus de cette mesure. Leurs armes devront être encaissées et étiquetées, et le dépôt s'effectuera à la Préfecture.

La durée de ce dépôt momentané sera fixé par l'autorité militaire.

La conservation des fusils et des munitions de chasse étant autorisée, l'application de la mesure précitée n'entravera aucunement la liberté du commerce.

Fait au quartier-général de Marseille, le 9 avril 1871.

Le général commandant la 9e division militaire et l'atat de siége,
ESPIVENT DE LA VILLESBOISNET.

Cet arrêté avait donné lieu à une assez longue délibération : On craignait qu'une partie de la population se trouvât blessée d'une mesure en apparence sévère, bien qu'elle ne fût que prudente, qui enlevait à l'homme bien posé tous moyens de défense légitime, lors même qu'il habitait un quartier éloigné ou une villa isolée.

D'un autre côté, laisser aux citoyens leurs armes particulières avait le grand inconvénient de rendre infructueuses les perquisitions que l'on serait probablement forcé de faire plus tard, pour parvenir à la découverte des armes de guerre qui ne seraient pas volontairement rapportées : c'était fournir un prétexte d'excuse à tout citoyen chez lequel on retrouverait ultérieurement une arme clandestine, et qui pourrait alors prétendre qu'elle est sa propriété particulière.

Il fut donc résolu que le désarmement devait être de mesure générale et sans exception ; et que pendant un temps illimité tout citoyen devait remettre ses armes quelconques, les fusils de chasse exceptés, à la Commission de désarmement qui en ferait opérer le dépôt avec un ordre assez minutieux pour en permettre la restitution au jour indiqué plus tard.

Le désarmement s'effectuait sur une large échelle ; cependant il y avait bien des retardataires coupables seulement de négligence ; pour les stimuler, le Colonel, Président de la Commission, engagea le général à prendre un arrêté qui prorogeât de vingt quatre heures le délai accordé pour la remise des armes, en prévenant les citoyens que passé ce délai ils seraient traités en factieux ; savoir :

RÉPUBLIQUE FRANÇAISE.

LIBERTÉ. — ÉGALITÉ. — FRATERNITÉ.

9e DIVISION MILITAIRE. — ÉTAT-MAJOR GÉNÉRAL.

ARRÊTÉ.

Le général commandant l'état de siége étant informé que quelques citoyens appartenant à la garde nationale n'ont pas encore versé leurs armes entre les mains de la *Commission de désarmement*.

Considérant l'empressement apporté jusqu'ici par la garde nationale de Marseille pour la remise des armes ; à partir de ce jour, il est accordé un délai de « vingt-quatre heures » aux retardataires, lesquels s'exposeraient, ce délai passé, à ce qu'il soit employé, envers eux, des moyens de rigueur.

Tout citoyen qui sera trouvé détenteur d'une arme de guerre sera considéré comme factieux et traduit devant un conseil de guerre.

Cette mesure s'applique également aux armes, propriétés particulières des habitants,

Les citoyens qui seraient encore détenteurs de munitions de guerre sont invités à les verser dans le même délai, afin d'éviter d'être passibles des mêmes peines.

Fait au quartier-général à Marseille, le 12 avril 1871,

Le général commandant l'état de siége,
ESPIVENT DE LA VILLESBOISNET.

Toutefois, ces mesures de sûreté générale ne laissaient pas que d'entraver le commerce.

Le général crut devoir prendre en considération la position difficile dans laquelle se trouvaient les armuriers ; il voulut sauvegarder autant que possible leurs intérêts par son avis du 12 avril, ainsi conçu :

RÉPUBLIQUE FRANÇAISE.

LIBERTÉ. — ÉGALITÉ. — FRATERNITÉ.

9e DIVISION MILITAIRE. — ÉTAT-MAJOR GÉNÉRAL.

AVIS.

Le général commandant l'état de siége,

Considérant que la prohibition absolue des armes de guerre constitue, pour le commerce des armuriers une situation fâcheuse et de nature à porter une grave atteinte à leurs intérêts ;

Vu l'arrêté du 9 avril, ordonne :

1. La vente des armes est autorisée exclusivement pour l'exportation.

2. Toutes les armes devront être déposées au fort Saint-Jean et placées sous le contrôle du garde d'artillerie.

3. Toute autorisation de vente devra être demandée la veille à la Commission de désarmement. Cette demande devra être accompagnée de toutes les explications pouvant éclairer la Commission sur la destination de ces armes.

4. La livraison en sera faite par les soins du garde d'artillerie, sur la présentation de l'autorisation délivrée par la Commission.

5. Les armuriers auront à fournir un inventaire détaillé des armes qu'ils auront déposées.

6. Dans le but de faciliter les relations commerciales, les armuriers pourront conserver, dans leurs magasins, un type de chaque arme.

7. Les présentes dispositions seront également applicables aux représentants de fabricants d'armes.

Fait au quartier-général à Marseille, le 12 avril 1871.

Le général commandant l'état de siége,
ESPIVENT DE LA VILLESBOISNET.

Le désarmement avait commencé le 6 avril, voici comment il s'opérait.

Au jour et à l'heure désignés par l'arrêté

du 6 ; les bataillons se présentaient par compagnies représentées par le capitaine et par le sergent-major qui faisait conduire ces armes sur des camions qui venaient stationner sur la place de la préfecture.

A son arrivée, chaque capitaine recevait un numéro d'ordre ; à l'appel de ce numéro, l'officier faisait entrer dans la Cour de la préfecture le camion chargé des armes de sa compagnie.

Dans la cour de l'hôtel M. Darlay, contrôleur d'armes de la marine, en retraite, ayant sous ses ordres un sous-officier et plusieurs soldats de service, recevait du capitaine et du sergent-major de la garde nationale les armes, à mesure qu'elles étaient déchargées de la voiture, il les comptait et les faisait mettre en pyramide; cette opération était, en outre, surveillée par un membre de la Commission.

Séance tenante, l'officier recevait du contrôleur d'armes un bulletin provisoire, qu'il allait échanger aussitôt dans le bureau de la Commission de désarmement contre un récépissé régulier signé du président de la Commission, et qui ne lui était remis qu'après que le secrétaire de la Commission ayant appelé à haute voix la nature et le nombre des articles désignés sur le bulletin provisoire, s'était assuré de la concordance du dit récépissé, dont il prenait copie, sur un registre établi, à cet effet, par catégorie d'armes.

De crainte de contestations ce récépissé définitif n'était délivré qu'après avoir été de nouveau contrôlé par l'un des membres de la Commission.

Suit le modèle de ces récépissés.

RÉPUBLIQUE FRANÇAISE.

LIBERTÉ. — ÉGALITÉ. — FRATERNITÉ.

9e DIVISION MILITAIRE. — PLACE DE MARSEILLE.

Récépissé de versement d'armes.

Nous soussignés, membres de la Commission nommée par arrêté du Général Commandant l'état de siège, à l'effet d'opérer le désarmement de la Garde nationale.

Déclarons avoir reçu de M. ______ *de la* ___ *Compagnie du* ___ *Bataillon, la quantité de* (1) ______ (2) ______ (3) ______ (4) ______ (5) ______

Fait au Quartier général à Marseille, le ___ avril 1871.

LE PRÉSIDENT DE LA COMMISSION :

On exigeait en même temps du capitaine de la garde nationale l'état nominatif de sa compagnie, pour pouvoir rapprocher le nombre des hommes qui la composaient du nombre des fusils rendus : Toutefois cette vérification n'était que très-succinte la vérification par appel nominal fut réservée pour plus tard.

Le désarmement général de la garde nationale du 6 au 12 avril, se résume comme suit le tableau :

GÉNIE

Compies.	Capitaines.		
1re	GRIFFET, Boulevard de la Magdeleine, 96.	Carabines......	193
		Chassepots.....	2
		Mousquetons....	8
		Sabres d'Officiers	5
2e	BELLOT, Boul. National, 225.	Carabines......	138
		Tabatières......	54
		Mousquetons....	11
		Coupe-choux...	7
		Épées.........	8
3e	SÈVE, Rue Rougier, 3.	Carabines....	155
		Tabatières......	49
		Coupe-choux...	5
		Épées.........	2

(1) Fusil. — (2) Mousqueton. — (3) Carabine. — (4) Sabre de troupe. — (5) Sabre de canonnier.

Comp^es.	Capitaines.		
5e	BASTOUILLE, Rue Marengo, 71.	Carabines	135
		Tabatières	46
		Mousquetons	5
		Coupe-choux	6
		Caisse complète	1

ARTILLERIE

Capitaine DUCLOS, Rue Consolat, 29.	Chassepots	150
	Mousquetons	2
	Sabres d'officiers	33
	Coupe-choux	1
Adjudant LAMBERT, Rue des Bons-Enfants.	Carabine	1
	Chassepots	4
	Sabres d'officiers	2

Premier Bataillon.

Comp^es.	Capitaine.		
1re	CAZENEUVE, Rue de la République, 47.	Chassepots	6
		Tabatières	4
1re	Lieutenant ARMELIN, ...	Fusils	151
		Sabres d'officiers	3
		Coupe-choux	4
		Caisse-tambour	1
3e	Capitaines. JULLIEN, ...	Fusils	156
		Sabres d'officiers	3
		Coupe-choux	4
		Caisse-tambour	1
4e	HENRY, ...	Fusils	170
		Sabres d'officiers	2
		Coupe-choux	6
		Caisse-tambour	1
5e	MASSIL, ...	Fusils	166
		Sabres d'officiers	3
		Coupe-choux	5
		Caisse-tambour	1
6e	HEBRARD, ...	Fusils	160
		Sabres d'officiers	3
		Coupe-choux	4
		Caisse-tambour	1
7e	FAUCHIER, ...	Fusils	160
		Sabres d'officiers	3
		Coupe-choux	5
		Caisse-tambour	1
7e	ARA, Boul. des Dames, 51.	Fusils	152
		Sabres d'officiers	3
		Coupe-choux	4
		Caisse-tambour	1
8e	TEISSONNIÈRE, Boulevard de Paris, 2.	Fusils	143
		Sabres d'officiers	3
		Coupe-choux	5

Comp^es.	Capitaines,		
9e	PETIT, Rue Mazenod, 30	Fusils	132
		Sabres d'officiers	3
		Coupe-choux	4
10e	BOSSI, Boul. de Paris, 74.	Fusils	122
		Sabres d'officiers	3
		Coupe-choux	4
11e	FLACHOT, Rue de la Foire, 12.	Fusils	168
		Sabres d'officiers	2
		Coupe-choux	4
		Caisse-tambour	1
12e	LANDRY, Rue Mazenod, 52	Fusils	68
		Sabres d'officiers	3
		Coupe-choux	3
13e	BIROARD, Rue de la République, 79.	Fusils	126
		Sabres d'officiers	3
		Coupe-choux	3
		Caisse-tambour	1

Deuxième Bataillon.

Comp^es.	Capitaines.		
1re	CHAMBELLAN, Rue de la République, 82.	Fusils	152
		Nécess. d'armes	4
		Tire-balles	4
		Clefs de chemin^s	4
		Monte-ressorts	4
		Sabres d'officiers	3
		Coupe-choux	3
		Caisse complète	1
2e	BESSIÈRES, Rue de la République, 111.	Fusils	157
		Sabres d'officiers	2
		Coupe-choux	4
		Clairon	1
		Caisse complète	1
3e	BECHON, Rue de la République, 76.	Fusils	155
		Sabres d'officiers	3
		Coupe-choux	4
		Caisse complète	1
4e	BAYON, Rue des Petites-Maries, 51.	Carabine	1
		Chassepots	2
		Nécess. d'armes	5
		Tire-balles	3
		Sabre d'officier	1
		Coupe-choux	2
		Fusils	129
5e	BONNET, Rue Gourgon, 4.	Fusils	132
		Sabres d'officiers	2
		Coupe-choux	3
6e	GALVET, R. Sainte-Barbe, 22	Fusils	163
		Sabres d'officiers	3
		Coupe-choux	3

COMPies.	CAPITAINES.		
7e	ISNARD, Rue des Hugolins, 1.	Fusils..........	110
		Sabres d'officiers	2
		Coupe-choux...	2
8e	PREVEL, Rue des Dominicaines, 7.	Fusils..........	183
		Chassepot......	1
		Sabres d'officiers	2
		Coupe-choux...	4
		Clairon........	1
		Caisse complète.	1
9e	GIRARD, Rue des Petites-Maries, 17.	Fusils..........	174
		Sabres d'officiers	2
		Coupe-choux...	3
10e	REBUFFEL, Boulevard de la Paix, 19.	Fusils..........	139
		Chassepot......	1
		Sabres d'officiers	2
		Coupe-choux...	4
11e	CAIRE, A. Rue de la Couronne, 8.	Fusils..........	215
		Sabres d'officiers	5
		Coupe-choux...	4
12e	MERENTIÉ, Rue de la Fare, 25.	Fusils..........	153
		Carabine.......	1
		Sabres d'officiers	3
		Coupe-choux...	3
13e	FUGAIRON, Rue des Phocéens, 20	Fusils..........	67
		Sabres d'officiers	2
		Coupe-choux...	5

Troisième Bataillon.

COMPies.	CAPITAINES.		
1re	DAUVERGNE, R. Fontange, 27.	Fusils..........	171
		Carabine.......	1
		Chassepot......	1
		Mousqueton....	1
		Sabre d'officier..	1
		Coupe-choux...	4
		Caisse complète.	1
2e	LEOUFFRE, Rue des Petits-Pères, 66.	Fusils..........	157
		Sabres d'officiers	3
		Coupe-choux...	3
		Caisse complète.	1
3e	MARTIN, E. Boulevard Notre-Dame, 3.	Fusils..........	193
		Chassepots.....	5
		Sabre d'officier..	1
		Coupe-choux...	5
4e	CANERI, Boul. Gazino, 17.	Fusils..........	202
		Sabres d'officiers	2
		Coupe-choux...	4
		Caisse complète.	1

COMPies.	CAPITAINES.		
5e	LARUE, Rue Rouvière, 6.	Fusils..........	165
		Néces. d'armes.	6
		Tire-balles......	4
		Monte-ressorts..	1
		Sabres d'officiers	3
		Coupe-choux...	3
		Caisse complète.	1
6e	DE PLEUC, Cours Lieutaud, 6.	Fusils..........	170
		Carabine.......	1
		Chassepot......	1
		Sabres d'officiers	4
		Coupe-choux..	4
		Caisse complète.	1
7e	LEOTIER, Rue Grignan. 17.	Fusils..........	142
		Chassepot......	1
		Sabres d'officiers	2
		Coupe-choux...	1
8e	VIGUIER, Place du Théâtre, 10.	Fusils..........	159
		Chassepot......	1
		Sabres d'officiers	3
		Coupe-choux...	3
9e	FOUQUE, Rue Vacon, 19.	Fusils..........	187
		Sabres d'officiers	3
		Coupe-choux...	3
10e	D'HOTEL, Rue de la Palud, 18.	Fusils..........	160
		Sabres d'officiers	2
		Coupe-choux...	3
11e	GUÉRARD, Rue Sainte, 60.	Fusils..........	169
		Sabres d'officiers	2
		Coupe-choux...	3
12e	NOUVEL, Rue Saint-Ferréol, 57	Fusils..........	119
		Sabre d'officier..	1
		Coupe-choux...	1
13e	BONTOUX, Rue de Rome, 34.	Fusils..........	73
		Mousqueton....	1
		Sabres d'officiers	2
		Coupe-choux...	3

Quatrième Bataillon.

COMPies.	CAPITAINES.		
1re	BLANC, Sergent-major, Rue Vacon, 61.	Fusils..........	163
		Carabine.......	1
		Sabres d'officiers	2
		Coupe-choux....	1
2e	FILLATE, Rue Vacon, 1.	Fusils..........	141
		Carabine.......	1
		Chassepots.....	2
		Nécess. d'armes.	1
		Sabre d'officier..	1
		Coupe-choux...	4

COMP^es.	CAPITAINES.		
3^e	VIALE, Lieutenant, Rue Sénac, 24.	Fusils Carabines Sabres d'officiers Coupe-choux	167 2 2 6
4^e	LION, Rue Consolat, 73.	Fusils Chassepots Sabres d'officiers Coupe-choux Caisse complète.	123 3 3 4 1
5^e	GRAFFAN, Rue Théât.-Franç., 1.	Fusils Carabines Chassepot Sabres d'officiers Coupe-choux Caisse complète.	167 2 1 3 3 1
6^e	BÉCHON, Rue Barthélemy, 5.	Fusils Chassepots Néces. d'armes Tire-balles Monte-ressort Sabres d'officiers Coupe-choux	162 2 5 5 1 2 8
7^e	BREMOND, Rue Fongate, 1.	Fusils Chassepot Sabres d'officiers Coupe-choux	154 1 2 7
8^e	DARBAS, Rue Fontange, 6.	Fusils Carabines Sabres d'officiers Coupe-choux	171 4 2 4
9^e	ROUSSIER, Boulevard du Musée, 46.	Fusils Sabre d'officier Coupe-choux	182 1 7
10^e	DUTRIPON, Rue Neuve, 40.	Fusils Sabres d'officiers Coupe-choux	160 3 5
11^e	RICARD, Rue Bossuet, 10.	Fusils Chassepot Mousqueton Sabres d'officiers Coupe-choux	173 1 1 2 4
12^e	PASQUIER, Rue Paradis, 207.	Fusils Chassepots Sabres d'officiers Coupe-choux Caisse complète.	182 2 2 5 1
13^e	CLAIRON, R. Moustier, 24.	Fusils Néces. d'armes Sabres d'officiers Coupe-choux	148 2 2 4
14^e	FOURNET, Rue Neuve, 5.	Fusils Sabres d'officiers Coupe-choux Caisse complète.	110 2 8 1

Cinquième Bataillon.

COMP^es.	CAPITAINES.		
1re	GOSSELIN, Rue Petits-Pères, 27.	Fusils Sabres d'officiers Coupe-choux	142 3 3
2^e	SÉNÈQUE, Rue St-Sébastien, 2.	Fusils Sabres d'officiers Coupe-choux	148 3 3
3^e	GRANDON, Rue Perrier, 28.	Fusils Sabres d'officiers Coupe-choux	117 4 3
4^e	GARCIN, Rue Neuve, 5.	Fusils Nécess. d'armes Tire-balles Clefs de cheminée Monte-ressort Sabres d'officiers Coupe-choux Caisse complète.	171 5 4 2 2 3 4 1
5^e	BRIGAUDET. C. Lieutaud, 35.	Fusils Sabres d'officiers Coups-choux Caisse complète.	164 4 4 1
6^e	BOUVET, Rue Paradis, 124.	Fusils Sabres d'officiers Coupe-choux	165 3 4
7^e	PASSEBOIS, Boul. Baille, 87.	Fusils Sabres d'officiers Coupe-choux	139 3 4
8^e	FAYSSE, Rue Grignan, 24.	Fusils Sabres d'officiers Coupe-choux	149 3 4
9^e	GRANDPIERRE, Rue du Village, 24.	Fusils Carabine Chassepots Nécess. d'armes Tire-balles Clef de cheminée Monte ressorts Sabres d'officiers Coupe-choux	183 1 2 6 5 1 1 3 4
10^e	DUBOURG, Rue Breteuil, 102	Fusils Sabres d'officiers Coupe-choux Caisse complète.	149 3 3 1

Sixième Bataillon.

COMP^es.	CAPITAINES.		
1re	DAUMAS, R. St-Laurent, 8.	Fusils Sabres d'officiers Coupe-choux Caisse complète.	150 5 4 1

Compies.	Capitaines.		
2e	MOUTTET, Pl. de Lenche, 3.	Fusils	189
		Chassepot	1
		Nécess. d'armes	5
		Tire-balles	5
		Clef de cheminée	2
		Monte-ressorts	2
		Sabres d'officiers	2
		Coupe-choux	4
3e	DE ANGELIS, Rue Servian, 4.	Fusils	130
		Sabres d'officiers	2
		Coupe-choux	4
4e	BATAILLON, R. de la Loge, 25.	Fusils	160
		Sabres d'officiers	3
		Coups-choux	3
5e	LAURENT, R. du Poirier, 29.	Fusils	184
		Sabres d'officiers	3
		Coupe-choux	4
		Caisse complète	1
6e	CLASTRIER, Rue de la Républ., 33	Fusils	161
		Carabine	1
		Chassepot	1
		Nécess. d'armes	2
		Tire-balle	1
		Clef de cheminée	2
		Monte-ressorts	2
		Sabres d'officiers	3
		Coupe-choux	4
7e	MARTIN, Rue Juge-du-Palais, 3	Fusils	156
		Chassepot	1
		Sabre d'officier	1
		Coupe-choux	3
8e	DE BERNARDY, Montée des Accoules, 6.	Fusils	171
		Sabres d'officiers	3
		Coupe-choux	4
9e	MATTEI, Rue Bon-Juan, 1.	Fusils	153
		Nécess. d'armes	6
		Tire-balles	5
		Clef de cheminée	1
		Sabres d'officiers	3
		Coupe-choux	4
		Canne tamb. maît.	1
		Caisse cartouches	1
10e	BOURELLY, Rue Pavé-d'Amour, 29	Fusils	174
		Sabres d'officiers	3
		Coupe choux	4

Septième Bataillon.

Compies.	Capitaines.		
1re	BARBUT, R. Belsunce, 32.	Fusils	135
		Sabres d'officiers	2
		Coupe-choux	7
2e	VIAL, Lieutenant, Rue Triperie, 4.	Fusils	155
		Chassepots	4
		Néces. d'armes	8
		Tire-balles	8
		Clefs de chemin.	2
		Monte-ressorts	1
		Sabres d'officiers	3
		Coupe-choux	4
3e	GUITARD, Rue Monge, 7.	Fusils	190
		Sabres d'officiers	3
		Coupe-choux	4
4e	AUBIN, Rue Magenta, 20.	Fusils	172
		Chassepot	1
		Néces. d'armes	8
		Tire-balles	3
		Clefs de chemin.	2
		Monte-ressorts	2
		Sabres d'officiers	3
		Coupe-choux	8
5e	BRETON, Rue Tapis-Vert, 54.	Fusils	166
		Sabres d'officiers	3
		Coupe-choux	3
6e	D'HURLABORDE, Rue Noailles, 4.	Fusils	182
		Chassepots	2
		Sabre d'officier	1
		Coupe-choux	4
		Caisse complète	1
7e	VIALA, Rue de l'Académie, 26	Fusils	169
		Chassepot	1
		Sabres d'officiers	3
		Coupe-choux	3
		Caisse complète	1
8e	BASCANS, Rue Petit-Saint-Jean, 15.	Fusils	152
		Néces. d'armes	4
		Monte-ressort	1
		Sabres d'officiers	3
		Coupe-choux	4
9e	RAYNAUD, R. du Musée, 12.	Fusils	174
		Carabine	1
		Chassepots	2
		Néces. d'armes	8
		Tire-balles	7
		Clefs de chemin.	2
		Monte-ressorts	2
		Sabres d'officiers	3
		Coupe-choux	4
10e	HENRY, Rue de la République, 26.	Fusils	155
		Carabine	1
		Sabres d'officiers	3
		Coupe-choux	3
11e	FAY, Rue Petit-Saint-Jean.	Fusils	134
		Sabres d'officiers	3
		Coupe-choux	5

Huitième Bataillon.

Compies.	Capitaines.		
1re	GUINCHARD, Rue Consolat, 46.	Fusils..........	188
		Sabres d'officiers	3
		Coupe-choux ...	2
2e	GROMELLE, Rue Consolat, 36.	Fusils..........	155
		Nécess. d'armes.	4
		Sabre d'officier..	1
		Coupe-choux .	5
3e	LARDEYRET, Rue des Minimes.	Fusils..........	222
		Sabres d'officiers	3
		Coupe-choux ...	3
4e	MARTIN, Boul. de la Madeleine, 9.	Fusils..........	158
		Sabres d'officiers	4
		Coupe-choux ...	4
5e	MONIER, Rue du Palais, 11.	Fusils..........	150
		Mousqueton	1
		Nécess. d'armes.	2
		Tire-balles......	2
		Clef de cheminée	1
		Monte-ressort...	1
		Sabres-d'officiers	3
		Coupe-choux ...	4
6e	DEMAS, Rue du Coq, 27.	Fusils..........	145
		Nécess. d'armes.	4
		Tire-balles......	5
		Clef de cheminée	1
		Monte-ressort...	1
		Sabres d'officiers	3
		Coupe-choux ...	4
		Caisse complète.	1
7e	VERNAZZA, Boulevard Long-Champ, 78.	Fusils..........	183
		Sabre d'officier..	1
		Coupe-choux ...	4
		Caisse complète.	1
8e	JUST, R. Consolat, 146.	Fusils..........	145
		Sabre d'officier..	1
		Coupe-choux ...	4
		Caisse complète.	1
9e	STEPHAN, A l'Observatoire.	Fusils..........	111
		Chassepot	1
		Nécess. d'armes.	4
		Tire-balles......	4
		Monte-ressort...	1
		Sabres d'officiers	3
		Coupe-choux ...	4
10e	PAYA, R. Consolat, 128.	Fusils..........	154
		Sabres d'officiers	2
		Coupe-choux ...	4
11e	FELIX, ...	Fusils..........	144
		Sabres d'officiers	3
		Coupe-choux ...	4
12e	BARATON. R. Consolat, 170.	Fusils..........	118
		Nécess. d'armes.	3
		Tire-balles......	3
		Sabres d'officiers	2
		Coupe-choux . .	3

Neuvième Bataillon.

Compies.	Capitaines.		
1re	GAUDION, Rue Hoche, 50.	Fusils..........	164
		Nécess. d'armes.	3
		Tire-balles......	2
		Clef de cheminée	1
		Monte-ressort...	1
		Sabres d'officiers	3
		Coupe-choux ...	4
2e	DANGLÈS, Rue Toupaire, 5.	Fusils..........	165
		Sabres d'officiers	3
		Coupé-choux ...	3
3e	MARROU, R. des Treize-Escaliers, 7.	Fusils..........	170
		Chassepot......	1
		Sabres d'officiers	3
		Coupe-choux ...	4
4e	CASTINEL, Boulevard Strasbourg, 49.	Fusils..........	143
		Sabre d'officier..	1
		Coupe-choux ...	2
5e	COUVÉ, Boulevard Strasbourg, 47.	Fusils..........	153
		Sabres d'officiers	3
		Coupe-choux ...	4
		Caisse complète.	1
6e	GOUIRAND, Grand Chemin d'Aix, 93	Fusils..........	169
		Sabres d'officiers	4
		Coupe-choux ...	3
		Caisse complète.	1
7e	FEAUTRIER, Rue Rivoire, 5.	Fusils..........	169
		Nécess. d'armes.	3
		Tire-balles......	2
		Clef de cheminée.	1
		Monte-ressort...	1
		Sabres d'officiers	4
		Coupe-choux ...	4
8e	NEL, C. Belle-Vue, 2.	Fusils..........	166
		Sabres d'officiers	3
		Coupe-choux ...	4
9e	BOUTEUIL, Place d'Aix, 12.	Fusils..........	171
		Sabres d'officiers	3
		Coupe-choux ...	4
10e	SCHWOEBL, Rue Hoche, 50.	Fusils..........	96
		Coupe-choux ...	7

Dixième Bataillon.

Comp^ies.	Capitaines.		
1re	DAGNAN, Avenue d'Arenc, 192.	Fusils	52
		Chassepots	2
		Tabatière	1
		Nécess. d'armes.	6
		Tire-balles	2
		Monte-ressorts	2
		Sabres d'officiers	3
		Coupe-choux	4
2e	ASTRADE, Grand Chem. d'Aix, 285.	Fusils	141
		Sabres d'officiers	3
		Coupe-choux	4
3e	JACQUET, Chemin de la Madrague.	Fusils	162
		Sabres d'officiers	3
		Coupe-choux	4
4e	BOUZIGUES, A la Cabucelle.	Fusils	139
		Sabres d'officiers	3
		Coupe-choux	4
5e	FAUCHÉ, A Saint-Louis.	Fusils	150
		Nécess. d'armes.	8
		Tire-balles	7
		Clefs de chemin*	2
		Monte-ressorts	2
		Sabres d'officiers	2
		Coupe-choux	4
6e	CONSOLAT, A Saint-Louis.	Fusils	116
		Sabres d'officiers	3
		Coupe-choux	4
7e	COURDURIER, A la Viste.	Fusils	121
		Sabres d'officiers	3
		Coupe-choux	4
8e	SOLLASOL, A Saint-Antoine.	Fusils	153
		Sabres d'officiers	3
		Coupe-choux	4

Onzième Bataillon.

Comp^ies.	Capitaines.		
1er	BROSSIER, Chemin des Chartreux, 66	Fusils	163
		Chassepot	1
		Sabres d'officiers	3
		Coupe-choux	4
2e	CAILLOL, Ch. Montolivet, 5.	Fusils	180
		Sabres d'officiers	3
		Coupe-choux	4
3e	GEVAUDAN, Chemin des Chartreux, 77	Fusils	149
		Sabres d'officiers	2
		Coupe-choux	3
		Caisse complète.	1
4e	ACHARD, Chemin Saint-Barnabé, 92	Fusils	168
		Sabres d'officiers	3
		Coupe-choux	4
5e	GONIN. Rue Allard, 3.	Fusils	123
		Sabres d'officiers	2
		Coupe-choux	4
6e	FERRAT, A Saint-Just.	Fusils	131
		Nécess. d'armes.	6
		Tire-balles	5
		Clefs de chemin*	2
		Monte-ressorts	2
		Sabres d'officiers	3
		Coupe-choux	3
		Caisse complète.	1
7e	CONTE, A Saint-Just.	Fusils	155
		Nécess. d'armes.	6
		Tire-balles	4
		Monte-ressorts	2
		Sabres d'officiers	3
		Coupe-choux	4
8e	CAUVIN, A Saint-Jérôme.	Fusils	132
		Nécess. d'armes	6
		Tire-balles	6
		Clefs de chemin*	2
		Monte-ressorts	2
		Sabres d'officiers	3
		Coupe-choux	4
		Caisse complète.	1
9e	GAUTIER, A Saint-Barnabé.	Fusils	177
		Sabres d'officiers	2
		Coupe-choux	4
10e	AUBERT, A Saint-Barnabé.	Fusils	164
		Sabres d'officiers	2
		Coupe-choux	3
11e	DIACON, A la Rose.	Fusils	122
		Nécess. d'armes.	6
		Tire-balles	5
		Clefs de chemin*	2
		Monte-ressorts	2
		Sabres d'officiers	3
		Coupe-choux	4
12e	CHABAUD, Boul. Boisson, 49	Fusils	104
		Nécess. d'armes.	5
		Sabres d'officiers	3
		Coupe-choux	3
13e	FULGERAZ, A St-Barnabé, 36.	Fusils	95
		Sabres d'officiers	2
		Coupe-choux	4
14e	ROLLANDIN, Château Gombert.	Fusils	48

Douzième Bataillon.

Compies.	Capitaines.	Armes	Nombre
1re	AMIEL, Boul. de la Madeleine, 156.	Fusils Sabres d'officiers Coupe-choux Canne tamb.maît.	141 9 4 1
2e	LAUGIER, Rue Bergère, 41.	Fusils Sabres d'officiers Coupe-choux	149 2 4
3e	BADOU, Boul.de Villiers, 4	Fusils Chassepot Sabre d'officier Coupe-choux Caisse complète.	142 1 1 4 1
4e	DUCHEMIN, Rue Tivoli, 10.	Fusils Carabine Chassepot Mousquetons Sabres d'officiers Coupe-choux	188 1 1 2 2 3
5e	PASCAL, Boul. de la Madeleine.	Fusils Sabres d'officiers Coupe-choux	165 2 4
6e	ROMIEU, Rue Terrusse, 54.	Fusils Mousqueton Sabres d'officiers Coupe-choux Caisse complète	175 1 3 3 1
7e	PABAN, Rue de Bruys, 22.	Fusils Sabre d'officier Coupe-choux Caisse complète.	158 1 4 1
8e	BEYLOT, Rue Ferrari, 13.	Fusils Nécess. d'armes. Tire-balles Clefs de chemin' Monte-ressorts Sabres d'officiers Coupe-choux	170 4 3 2 2 3 4
9e	FONTÈS, R. Sébastopol, 20	Fusils Sabres d'officiers Coupe-choux	152 3 4
10e	TEISSIER, Rue Ferrari, 43.	Fusils Carabines Chassepots Sabre d'officier Coupe-choux	190 3 3 1 6
11e	BERAUD, Rue Ferrari, 36.	Fusils Nécess. d'armes. Tire-balles Monte-ressorts Sabres d'officiers Coupe-choux Caisse complète.	185 3 5 2 3 5 1
12e	SIGNORET, Boul. Chave, 162.	Fusils Carabines Chassepot Sabres d'officiers Coupe-choux	164 2 1 3 4
13e	VERNIS, Rue Ferrari, 98.	Fusils Carabine Sabres d'officiers Coupe-choux Caisse complète.	159 1 3 4 1
14e	DAUMAS, Boul. Chave, 163.	Fusils Sabres d'officiers Coupe-choux	81 1 2

Treizième Bataillon.

Compies.	Capitaines.	Armes	Nombre
1re	BERANGER, Cours Gouffé, 64.	Fusils Nécess. d'armes. Tire-balles Monte-ressort Sabres d'officiers Coupe-choux	183 8 8 1 2 4
2e	GRIMAL, Rue Nau, 25.	Fusils Carabines Tabatière Nécess. d'armes. Tire-balles Clefs de chemin' Monte-ressort Sabres d'officiers Coupe-choux	183 2 1 8 6 2 1 3 4
3e	DULAC, Rue d'Alger, 63.	Fusils Tabatières Nécess. d'armes. Clefs de chemin' Sabres d'officiers Coupe-choux	158 2 5 2 3 2
4e	HUGUES, R. Fortunée, 11.	Fusils Carabines Sabres d'officiers Coupe-choux	153 2 3 7
5e	DELPLACE, Boul. Baille, 187.	Fusils Nécess. d'armes. Tire-balles Clefs de chemin' Monte-ressorts Sabres d'officiers Coupe-choux	171 8 8 2 2 3 4

Comp^ies.	Capitaines.		
6e	MOUTON, Rue Tilsit, 99.	Fusils	204
		Chassepots	6
		Mousqueton	1
		Nécess. d'armes	6
		Tire-balles	6
		Clefs de chemin'	2
		Monte-ressorts	2
		Sabres d'officiers	11
		Coupe-choux	4
		Caisse complète	1
7e	DALOZ, Boul. d'Accès.	Fusils	98
		Nécess. d'armes	8
		Tire-balles	7
		Clefs de chemin'	2
		Monte-ressorts	2
		Sabres d'officiers	3
		Coupe-choux	4
8e	CHARVET, Chem. de Toulon.	Fusils	196
		Sabres d'officiers	2
		Coupe-choux	3
9e	PANSARD, Au Rouet.	Fusils	155
		Sabres d'officiers	3
		Coupe-choux	6
10e	RIVET, Saint-Giniez.	Fusils	169
		Sabres d'officiers	5
		Coupe-choux	6
		Caisse complète	1
		Sac de pansement	1
11e	FERAUD, Rue Sainte-Cécile, 76.	Fusils	146
		Carabine	1
		Tabatière	1
		Nécess. d'armes	7
		Tire-balles	6
		Clefs de chemin'	2
		Monte-ressorts	2
		Sabres d'officiers	3
		Coupe-choux	4

Quatorzième Bataillon.

Comp^ies.	Capitaines.		
1re	PYARD, A la Capellette.	Fusils	143
		Sabres d'officiers	2
		Coupe-choux	4
2e	VIAN, Rue Saint-Esprit, 12.	Fusils	174
		Sabres d'officiers	5
		Coupe-choux	4
3e	VAYSON, Saint-Pierre.	Fusils	137
		Sabres d'officiers	3
		Coupe-choux	4
4e	RECUR, Saint-Loup.	Fusils	160
		Sabres d'officiers	4
		Coupe-choux	4
5e	VALENTIN, Saint-Loup.	Fusils	118
		Sabres d'officiers	3
		Coupe-choux	4
6e	HUTTER, Cours 4-Septembre, 13.	Fusils	56
		Sabres d'officiers	3
		Coupe-choux	4
7e	CHENEL, A La Pomme.	Fusils	106
		Sabres d'officiers	3
		Coupe-choux	4
8e - 9e	FORBIN D'OPPÈDE, RASPILLAIRE, Saint-Marcel.	Fusils	203
		Sabres d'officiers	6
		Coupe-choux	7
10e	JOUVIN, Quai Rive-Neuve, 77.	Fusils	170
		Sabres d'officiers	3
		Coupe-choux	3
11e	CAMOIN, Aux Camoins.	Fusils	107
		Sabres d'officiers	3
		Coupe-choux	3
12e	THUMIN, A Saint-Julien.	Fusils	97
		Sabres d'officiers	3
		Coupe-choux	4

Quinzième Bataillon.

Comp^ies.	Capitaines.		
1re	COUPIAT, Ste-Marguerite.	Fusils	116
		Sabres d'officiers	3
		Coupe-choux	4
2e	YVART, Au Cabot.	Fusils	91
		Sabres d'officiers	3
		Coupe-choux	4
3e	ROUARD, A Mazargues.	Fusils	180
		Nécess. d'armes	13
		Tire-balles	11
		Clefs de chemin'	12
		Monte-ressorts	12
		Sabres d'officiers	3
		Coupe-choux	4
4e	ARNAUD, A Mazargues.	Fusils	164
		Nécess. d'armes	1
		Tire-balles	2
		Clefs de chemin'	2
		Monte-ressorts	2
		Sabres d'officiers	2
		Coupe-choux	3
5e	GRANIER, A Mazargues.	Fusils	186
		Nécess. d'armes	8
		Clefs de chemin'	2
		Sabres-d'officiers	3
		Coupe-choux	4

Comp^{ies}.	Capitaines.		
6^e	FOUET, Château Borrely.	Fusils..........	150
		Sabres d'officiers	5
		Coupe-choux ...	4
		Caisse complète.	1
7^e	PHILIPOT, Sainte-Anne.	Fusils..........	152
		Nécess. d'armes.	8
		Tire-balles......	2
		Clefs de chemin^t	2
		Monte-ressorts.	2
		Sabres d'officiers	3
		Coupe-choux ...	4
8^e	CAILLOL, Aux Goudes.	Fusils..........	154
		Sabres d'officiers	3
		Coupe-choux ...	3

Seizième Bataillon.

Comp^{ies}.	Capitaines.		
1re	BERTHE, R. Breteuil, 150.	Fusils..........	156
		Nécess. d'armes.	7
		Tire-balles......	7
		Clefs de chemin^t	3
		Monte-ressorts..	2
		Sabres d'officiers	3
		Coupe-choux ...	4
2^e	BOUDE, Villa Paradis, 41.	Fusils..........	183
		Chassepot	1
		Nécess. d'armes.	5
		Clefs de chemin^t	3
		Sabres d'officiers	5
		Coupe-choux....	4
3^e	CHAVANON, R. Paradis, 238.	Fusils..........	171
		Carabines	2
		Sabres d'officiers	3
		Coupe-choux ...	7
4^e	RIGAUD, Vallon Jourdan.	Fusils..........	139
		Chassepots	2
		Nécess. d'armes.	7
		Tire-balles......	3
		Clefs de chemin^t	2
		Monte-ressorts..	2
		Sabres d'officiers	3
		Coupe-choux ...	1
5^e	SALIN, Ch. d'Endoume, 304	Fusils..........	150
		Sabres d'officiers	3
		Coupe-choux ...	5
6^e	GIRAL, Chem. du Roucas Blanc.	Fusils..........	127
		Sabres d'officiers	3
		Coupe-choux ...	3
7^e	BOSC, Place Michelet, 3.	Fusils..........	160
		Sabres d'officiers	3
		Coupe-choux....	3
8^e	BOURLAC, R. de Rome, 53.	Fusils..........	196
		Sabre d'officier..	1
		Coupe-choux....	2
9^e	BLANC, Rue de Caze, 32.	Fusils..........	151
		Sabres d'officiers	3
		Coupe-choux....	4
10^e	ROUBAUD, R. Cagliardo, 8.	Fusils..........	158
		Sabres d'officiers	3
11^e	LAUTHIER, Rue Moustier, 9.	Fusils..........	166
		Sabres d'officiers	3
		Coupe-choux ...	2
12^e	VILLENEUVE R. d'Aubagne, 70.	Fusils..........	92
		Chassepots	2
		Sabres d'officiers	3
		Coupe-choux....	4
13^e	ANFONSO, Rue Sardou, 4.	Fusils..........	160
		Sabres d'officiers	3
		Coupe-choux....	4
14^e	MORLOT, Chemin d'Endoume, 58.	Fusils..........	126
		Coupe-choux....	3
		Caisse complète.	1

Dix-septième Bataillon.

Comp^{ies}.	Capitaines.		
1re	DOUSSET, A St-Barthélemy.	Fusils..........	108
		Sabres d'officiers	2
		Coupe-choux ...	4
2^e	FAUSSEMAGNE, Ste-Marthe.	Fusils..........	133
		Sabres d'officiers	3
		Coupe-choux....	4
3^e	TRANIER, Au Canet.	Fusils..........	107
		Sabres d'officiers	3
		Coupe-choux ...	4
		Caisse complète.	1
4^e	GARAGNON, Aux Aygalades.	Fusils..........	142
		Sabres d'officiers	3
		Coupe-choux....	4
5^e	CLARET, A Saint-André.	Fusils..........	141
		Sabres d'officiers	3
		Coupe-choux....	3
6e 7^e	DAUDET, JOANNON, St-Henry.	Fusils..........	275
		Sabres d'officiers	6
		Coupe-choux....	8
8^e	GROS, A l'Estaque.	Fusils..........	151
		Sabres d'officiers	3
		Coupe-choux....	4

Dix-huitième Bataillon.

Comp^es.	Capitaines.		
1re	BARBAROUX, Rue Bleue, 75.	Fusils..........	170
		Sabre d'officier..	1
		Coupe-choux....	4
2^e	LEFÉVRE, Rue Jobin, 10.	Fusils..........	147
		Sabres d'officiers	6
		Coupe-choux....	2
3^e	DARBÈS, Rue Bugeaud, 15.	Fusils..........	133
		Carabine.......	1
		Chassepot......	1
		Sabre d'officier..	1
		Coupe-choux...	4
4^e	LEDOUR, Boul. National, 73	Fusils..........	193
		Sabres d'officiers	4
		Coupe-choux....	4
5^e	TURC, Rue Jourdan, 35.	Fusils..........	163
		Carabine......	1
		Chassepots.....	4
		Sabres d'officiers	4
		Coupe-choux....	2
6^e	POEYDEBASQUE, B. National, 73.	Fusils..........	123
		Sabres d'officiers	3
		Coupe-choux...	4
7^e	AULAGNIER, Impasse Bleue, 19	Fusils..........	162
		Sabres d'officiers	2
		Coupe-choux....	4
8^e	BERARD, Chemin Belle-de-Mai, 38.	Fusils..........	105
		Sabres d'officiers	2
		Coupe-choux...	3
9^e	POLETI, Rue Tricon, 19.	Fusils..........	171
		Sabres d'officiers	3
		Coupe-choux...	3
10^e	NURY, B. Pardigon, 11.	Fusils..........	96
		Sabres d'officiers	3
		Coupe-choux....	4

Dix-neuvième Bataillon.

Comp^es.	Commandant.		
»	BRÉMOND, Allauch.	Fusils..........	205

RECAPITULATION.

Génie.	Commandant.		
»	BOUSQUET, Rue Sénac.	Carabines......	621
		Chassepots.....	2
		Tabatières......	149
		Mousquetons...	24
		Sabres d'offic..	5
		Coupe-choux...	20
		Epées.........	5
		Caisse.........	1

Artillerie.	Commandant.		
»	DUCLOS, R. Consolat, 29.	Carabine.......	1
		Chassepots.....	154
		Mousquetons...	2
		Sabres d'offic..	35
		Coupe-choux...	1

Bataillons.	Commandants.		
1er	BOUVRET, Place Danton, 4.	Fusils div. mod.	1,875
		Chassepots....	6
		Tabatières.....	4
		Sabres d'offic..	37
		Coupe-choux...	56
		Caisses........	9
2^e	PASCAL, Pl. Centrale, 4.	Fusils div. mod.	1,929
		Carabines......	2
		Chassepots.....	4
		Nécess. d'armes	9
		Tire-balles.....	7
		Clefs de chemin^t	4
		Monte-ressorts.	4
		Sabres d'offic..	31
		Coupe-choux...	46
		Clairons.......	1
		Caisses........	4
3^e	SPIR, Rue Sainte, 64.	Fusils div. mod.	2,067
		Carabines......	2
		Chassepots.....	9
		Mousquetons...	2
		Nécess. d'armes	6
		Tire-balles.....	4
		Monte-ressorts.	1
		Sabres d'offic..	29
		Coupe-choux...	40
		Caisses........	5

Bataillons.	Commandants.		
4e	PASQUIER, R. Paradis, 207.	Fusils div. mod.	2,203
		Carabines	10
		Chassepots	11
		Mousquetons	1
		Nécess. d'armes	8
		Tire-balles	5
		Monte-ressorts	1
		Sabres d'offic.	29
		Coupe-choux	70
		Caisses	4
5e	SPIR, R. Vieux chemin de Rome, 110.	Fusils div. mod.	1,527
		Carabine	1
		Chassepots	2
		Nécess. d'armes	11
		Tire-balles	9
		Clefs de chemin'	3
		Monte-ressorts	3
		Sabres d'offic.	32
		Coupe-choux	36
		Caisses	3
6e	REY, Rue Servian, 4.	Fusils div. mod.	1,628
		Carabine	1
		Chassepots	3
		Nécess. d'armes	13
		Tire-balles	18
		Clefs de chemin'	8
		Monte-ressorts	1
		Sabres d'offic.	25
		Coupe-choux	34
		Caisses	2
		Canne tamb. me	1
		Caisse cartouche	1
7e	BRETON, R. Tapis-Vert, 54	Fusils div. mod.	1,784
		Carabines	2
		Chassepots	10
		Nécess. d'armes	28
		Tire-balles	18
		Clefs de chemin'	6
		Monte-ressorts	6
		Sabres d'offic.	30
		Coupe-choux	49
		Caisses	2
8e	FALIU, Place de la Rotonde, 33.	Fusils div. mod.	1,873
		Carabine	1
		Mousqueton	1
		Nécess. d'armes	17
		Tire-balles	14
		Clefs de chemin'	2
		Monte-ressorts	3
		Sabres d'offic.	29
		Coupe-choux	45
		Caisses	3
9e	ALLEMAND, Ch. du Canet.	Fusils div. mod.	1,466
		Carabine	1
		Mousquetons	6
		Tire-balles	4
		Clefs de chemin'	2
		Monte-ressorts	2
		Sabres d'offic.	25
		Coupe-choux	38
		Caisses	2

Bataillons.	Commandants.		
10e	NÈGRE, Rue de la République, 23.	Fusils div. mod.	1,134
		Chassepots	2
		Tabatière	1
		Nécess. d'armes	14
		Tire-balles	7
		Clefs de chemin'	4
		Monte-ressorts	4
		Sabres d'offic.	23
		Coupe-choux	32
11e	DE LA TOULOUBRE, A St-Barnabé.	Fusils div. mod.	1,911
		Chassepots	1
		Nécess. d'armes	28
		Tire-balles	24
		Clefs de chemin'	6
		Monte-ressorts	9
		Sabres d'offic.	38
		Coupe-choux	43
		Caisses	0
12e	TEISSIER, R. du Progrès, 30	Fusils div. mod.	2,227
		Carabines	7
		Chassepots	6
		Tabatières	2
		Mousqueton	1
		Nécess. d'armes	7
		Tire-balles	8
		Clefs de chemin'	2
		Monte-ressorts	4
		Sabres d'offic.	33
		Coupe-choux	54
		Caisses	5
		Canne tamb. me	1
13e	LAFONT, Place Chevalier, au Rouet.	Fusils div. mod.	1,816
		Carabines	5
		Chassepots	6
		Tabatières	4
		Mousqueton	1
		Nécess. d'armes	50
		Tire-balles	41
		Clefs de chemin'	12
		Monte-ressorts	10
		Sabres d'offic.	41
		Coupe-choux	42
		Caisses	8
14e	CHENEL, à la Pomme.	Fusils div. mod.	1,471
		Sabres d'offic.	36
		Coupe-choux	46
15e	TEMPLIER, à Ste-Marguerite.	Fusils div. mod.	1,493
		Nécess. d'armes	60
		Tire-balles	45
		Clefs de chemin'	48
		Monte-ressorts	16
		Sabres d'offic.	25
		Coupe-choux	30
		Caisse	1

BATAILLONS.	COMMANDANTS.		
16e	GENIN, Chemin d'Endoume, 49.	Fusils div. mod.	2,009
		Carabines......	2
		Chassepots.....	5
		Nécess. d'armes	19
		Tire-balles....	10
		Clefs de chemin'	8
		Monte-ressorts.	4
		Sabres d'offic..	30
		Coupe-choux...	31
		Caisse.........	1
17e	GARAGNON, Aux Aygalades.	Fusils div. mod.	1,057
		Sabres d'offic..	23
		Coupe-choux...	31
		Caisse.........	1
18e	LEFÈVRE, Rue John, 10.	Fusils div. mod.	1,463
		Carabines......	2
		Chassepots.....	5
		Sabres d'offic..	29
		Coupe-choux...	34
19e	BRÉMOND, A Allauch.	Fusils div. mod.	205

TOTAUX GÉNÉRAUX.

Fusils divers modèles..................	30,978
Carabines.......	656
Chassepots..........................	228
Tabatières..........................	160
Mousquetons.........................	32
Nécessaires d'armes..................	277
Tire-balles..........................	203
Clefs de cheminées	72
Monte-ressorts	70
Sabres de cavalerie ou d'officiers........	593
Coupe-choux ou sabres de troupes......	808
Epées	5
Clairons	2
Caisses.............................	47
Cannes de tambours-maîtres...........	2
Caisse cartouches....................	1

Pendant le cours de ces opérations, un grand nombre de gardes nationaux, n'ayant pu, pour un motif quelconque, se rendre à l'invitation collective de leurs capitaines, venaient isolément verser leurs armes.

Un registre fut affecté spécialement à l'inscription de ces versements partiels, inscription faite par bataillon, par compagnie, noms et domicile des déposants, et par catégorie d'armes versées.

En même temps chaque dépôt fut constaté sur des fiches formant un répertoire mobile par bataillons, par compagnies, et par ordre alphabétique, afin de faciliter les recherches qui seraient plus tard indispensables.

Le désarmement ayant été effectué généralement, comme il appert du tableau qui précède, le 13 avril les chefs de bataillon furent convoqués au bureau de la Commission pour fournir leurs renseignements sur l'effectif et la constitution de leurs bataillons respectifs.

Il leur fut adressé à cet effet la lettre dont suit le libellé :

9e DIVISION MILITAIRE.

Commission de Désarmement.

Marseille, le 13 avril 1871.

Monsieur,

Vous êtes prié de vous rendre demain, 14 avril, à 3 heures de l'après-midi, devant la Commission de Désarmement pour donner des renseignements sur l'effectif et la constitution de votre bataillon.

Recevez, Monsieur, l'assurance de ma considération la plus distinguée.

Le Colonel Président,
G. MUNIER.

Sur dix-neuf bataillons, seize se rendirent à l'invitation : Ceux des 12e, 14e et 15e ne se présentèrent pas.

Le colonel Munier, président de la commission, prit la parole et exprima aux officiers supérieurs présents, ses remercîments pour le concours qu'ils avaient apporté à cette mission délicate, d'opérer le désarmement avec autant de calme dans une ville encore soulevée par une agitation sanglante.

Il regrettait que le nombre des retardataires fût encore aussi considérable ; il engageait MM. les chefs des bataillons à user de leur autorité morale pour obtenir que leurs capitaines fissent tous leurs efforts pour obtenir les versements partiels des armes dont les détenteurs seraient à leur connaissance.

Il les prévint que les caisses et les clairons considérés comme armes, faisaient partie du désarmement, que ceux appartenant à la municipalité devaient également être versés à la commission qui les conservera en dépôts ; et que ceux, propriétés particulières des Compagnies, seraient aussi versés à la Commission en produisant à l'appui la facture de chaque instrument, dont le prix devra être remboursé par la Municipalité aux propriétaires.

Jusqu'alors les travaux de la Commission avaient eu lieu d'une manière large et générale.

Il importait maintenant qu'elle entrât dans la voie minutieuse des détails.

Après avoir désarmé chaque compagnie en bloc, il fallait connaître les retardataires pour leur demander un compte individuel de leurs armes.

Pour y parvenir, la commission adressa aux capitaines une lettre autographiée dont suit un exemplaire.

9e DIVISION MILITAIRE.

Commission de Désarmement.

Marseille, le avril 1871.

Monsieur le Capitaine,

Vous êtes convoqué à la Préfecture *(Bureau de la Commission de Désarmement)* le à heures pour assister au récolement des armes rendues par votre Compagnie. A cet effet veuillez vous faire accompagner par votre sergent-major.

Je vous prie de rapporter la présente lettre qui vous servira de numéro d'ordre, et de remplir le tableau ci-après :

	FUSILS.	SABRES D'OFFIC.	COUPE-CHOUX.	CAISSE.	CLAIRON.	OBSERVATIONS.
Reçu de la Municipalité lors de l'armement..						
Emporté par les Mobilisés						
Rendu pour diverses causes						
Versé à la Commission de désarmement.....						
TOTAL ÉGAL.....						

Recevez, Monsieur, l'assurance de mes sentiments distingués.

Le Colonel Président de la Commission,
G. MUNIER.

P.-S. — Vous aurez en même temps à me déposer le mémoire en double expédition des frais de transport de ces armes.

Cette lettre avait pour but de mettre en regard l'armement et le désarmement de chaque compagnie ; elle prévenait également les capitaines qu'ils devaient justifier des frais de transport de leurs armes, frais qu'aurait à leur rembourser la municipalité.

Ces diverses lettres donnaient ajournement aux capitaine, à comparaître dans les bureaux de la Commission, à des jours et heures échelonnés de telle sorte que toutes les compagnies du 1er bataillon se présentassent dans la même journée ; le lendemain était désigné pour toutes les compagnies du 2e bataillon, et ainsi de suite.

En conséquence, les capitaines de toutes les compagnies de la garde nationale, y compris le génie et l'artillerie, ont dû se présenter à la Commission, du 14 avril au 5 mai.

Dans chaque compagnie, le capitaine et son sergent-major faisaient, en présence de la Commission, le recolement de leur effectif, et l'on prenait note du nom de chaque garde national qu'ils n'avaient pas annoté comme ayant rendu son arme, de manière à ce que le nombre des gardes nationaux porté dans l'effectif de la compagnie, abstraction faite de ceux qui étaient en retard de restituer leurs armes, devait cadrer avec le nombre de fusils rendus par la compagnie.

En outre, les documents fournis par les capitaines permettaient à la Commission le rapprochement approximatif entre l'armement et le désarmement, en tenant compte toutefois des armes affectées aux mobilisés.

La vérification faite conjointement avec les capitaines et leurs sergents-majors était un élément principal pour parvenir à la découverte de la majeure partie des armes qui manquaient.

Un autre élément de vérification était le répertoire mobile composé de fiches relevées, comme on l'a dit plus haut, au moment des versements isolés effectués par les gardes nationaux retardataires, classés par bataillon, par compagnie, et par ordre alphabétique.

Ainsi, après le récolement de l'effectif d'une compagnie, le secrétaire de la commission s'assurait si quelqu'un des gardes nationaux dont le nom n'était pas pointé comme ayant opéré le versement officiel entre les mains de ses chefs, ne figurait pas parmi ceux inscrits sur les fiches comme ayant fait le versement isolé de son arme.

Ces vérifications effectuées avec le plus grand soin, le secrétaire de la commission put faire le relevé exact de tous les gardes nationaux qui avaient été désignés comme n'ayant pas obtempéré à l'arrêt du désarmement, et qui s'élevaient :

Pour le	Génie, à.......		27	hommes.
—	l'Artillerie, à...		247	—
—	1er bataillon, à..		81	—
—	2e	—	70	—
—	3e	—	62	—
—	4e	—	66	—
—	5e	—	48	—
—	6e	—	23	—
—	7e	—	30	—
—	8e	—	35	—
—	9e	—	74	—
—	10e	—	3	—
—	11e	—	18	—
—	12e	—	73	—
—	13e	—	22	—
—	14e	—	28	—
—	15e	—	7	—
—	16e	—	56	—
—	17e	—	6	—
—	18e	—	152	—
—	19e	—	»	—
	Total...........		1,128	—

Il y eut donc à adresser de ce chef 1,128 lettres personnelles pour réclamer les armes; ces lettres étaient ainsi libellées :

9e DIVISION MILITAIRE.

—

Commission de Désarmement.

Marseille, le avril 1871.

Monsieur,

Vous êtes invité à faire remettre, sans délai, à la Commission de Désarmement, à la Préfecture, l'arme dont vous êtes détenteur et qui n'a pas été remise malgré l'Arrêté du 13 avril.

En n'obéissant pas à notre injonction, vous vous exposeriez à toutes les conséquences que font prévoir les termes de l'Arrêté précité.

La Commission siégera tous les jours, de 10 heures à midi et de 2 heures à 4 heures.

Le Colonel Président,
G. Munier.

D'un autre côté, pour empêcher les gardes nationaux de rendre leurs armes, quelques-uns de ceux qui avaient fait partie de l'insurrection et qui avaient pu soustraire différentes pièces ou papiers à la Préfecture, usèrent d'intimidation par des lettres écrites sous la forme administrative, ce qui détermina, le 16 avril, le président de la commission de désarmement à faire afficher l'avis suivant :

RÉPUBLIQUE FRANÇAISE.

LIBERTÉ — ÉGALITÉ — FRATERNITÉ.

9e DIVISION MILITAIRE. — ÉTAT-MAJOR GÉNÉRAL.

Commission de Désarmement.

AVIS.

Le Colonel, Président de la Commission de Désarmement, prévient la population de Marseille que toute lettre émanant de cette Commission doit porter comme en tête : 9e *Division militaire, Commission de Désarmement*, et être revêtue de son timbre.

Le présent avis est donné pour prémunir les bons citoyens contre des lettres d'intimidation qui leur seraient adressées, comme cela a déjà eu lieu, par des personnes mal intentionnées, qui, pendant les quelques jours de désordres qui viennent de se produire, se sont emparées des papier à lettres portant l'entête de l'Administration, ainsi que d'imprimés et du timbre de la Préfecture.

16 Avril 1871.

Le Colonel, Président,
G. MUNIER.

Un grand nombre de gardes nationaux se rendirent à cette invitation et rapportèrent leurs armes en fournissant des explications.

En marge de la lettre présentée, par le garde national, ou souvent son mandataire, et plus souvent encore sa femme ou sa fille, le secrétaire de la commission analysait les observations qui étaient faites à la commission.

113 ne se rendirent pas à l'appel, ou n'avaient pas été trouvés au domicile indiqué, ce qui résultait des lettres retournées par la poste. Le secrétaire de la commission dressa un état nominatif de ces gardes nationaux au domicile inconnu ; cet état fut envoyé à M. Jacomet, commissaire central, avec ordre du président de la commission de faire rechercher avec le plus grand soin par les chefs de section de police les citoyens dénommés audit état et de les faire comparaître par devant la commission, pour qu'ils eussent à restituer les armes dont ils étaient réputés détenteurs.

Ces recherches, mesure d'ordre et de sûreté générale, ne purent s'effectuer et donner des résultats qu'avec lenteur.

Pour stimuler encore les gardes nationaux retardataire, le président de la commission voulant user de la plus large mansuétude, leur fit adresser, le 26 avril, une nouvelle et dernières, injonction formelle d'avoir à rapporter leur arme sous peine d'être poursuivi.

Suit le libellé de la lettre :

9e DIVISION MILITAIRE.

Commission de Désarmement.

Marseille, le 26 avril 1871.

Monsieur,

Vous êtes prévenu d'avoir à rapporter à la Commission, dans les 24 heures, l'arme dont vous êtes détenteur.

Faute de ce faire, vous serez poursuivi, à bref délai, conformément à l'Arrêté du 13 avril 1871.

Pour le Colonel Président,
Un membre de la Commission.

Par suite de ces diverses lettres, 794 gardes nationaux s'étaient présentés; de telle sorte que le 25 mai le désarmement était généralement effectué dans la ville de Marseille, et qu'il ne restait plus à la commission qu'à poursuivre ses investigations, sur 224 citoyens qui n'avaient répondu à aucune lettre ni injonction.

Le colonel président rédigea un ordre pour faire rechercher par la gendarmerie ces retardataires. Cette mesure fut prise pour dix individus. chaque jour, que les gendarmes devaient faire comparaître devant la commission.

Ci-après la reproduction de cet ordre :

9e DIVISION MILITAIRE.

Commission de Désarmement.

ORDRE.

M. le chef d'escadron, commandant la compagnie de gendarmerie voudra bien envoyer au domicile des ci-après :

BATAILLON.	COMPAGNIE.	NOMS.	ADRESSES.	OBSERVATIONS.

Et les faire amener, de 2 à 4 heures du soir, à la Préfecture, où ils rendront compte du silence qu'ils ont gardé jusqu'alors sur l'arme qui leur a été confiée.

Marseille, le 1871.

Pour le général commandant l'état de siége,

Le Colonel Président de la Commission,

G. MUNIER.

De son côté, le grand-prévôt faisait des extraits individuels qu'il remettait aux gendarmes sous ses ordres, pour que ceux-ci se transportassent au domicile des récalcitrants et les contraignissent à comparaître devant la commission.

Ces extraits individuels, sous forme de mandats d'amener, étaient conçus comme suit :

Par ordre du Général, le nommé.............. rue.............. n°..... sera conduit par la gendarmerie, de 2 à 4 heures, devant la Commission de Désarmement à la Préfecture, pour donner des explications au sujet de l'arme qui lui a été confiée.

Marseille, le 1871.

Le Grand Prévôt,

BELLISSIME.

.... gendarme.

Mettre au dos le résultat et retour à l'adjudant, le............

Cette mesure qui a pu paraître vexatoire, était nécessaire et même indispensable : le désarmement général avait été clôturé le 13 avril. Un mois et demi s'était écoulé pendant lesquels on avait placardé plus de 10,000 affiches, ayant rapport à la remise des armes. Il importait d'établir une distinction entre les citoyens que des motifs d'absence avaient empêchés de répondre, ou qui n'avaient à se reprocher que quelque négligence, et ceux au contraire, qui, dans une intention hostile ou séditieuse, s'obstinaient à conserver le silence.

Ce n'était qu'en exigeant, même par la voix coërcitive, leur présence, que l'on pouvait apprécier les motifs d'abstention, et dès lors établir une démarcation entre les citoyens mal intentionnés et ceux qui avaient de valables motifs d'excuses.

Ces comparutions obligatoires furent environnées de tous les égards compatibles avec le caractère des personnes auxquelles on avait affaire. Aussi le grand-prévôt avait-il donné des instructions toutes spéciales et détaillées aux gendarmes qui, porteurs d'un mandat de conduite, n'ont eu qu'exceptionnellement à le mettre en exécution, lorqu'ils ont rencontré ou résistance ou rébellion : habituellement ils justifiaient à la personne intéressée de l'ordre dont ils étaient porteurs et l'invitant à se rendre d'elle-même auprès de la commission à l'heure indiquée.

De son côté, la commission était loin de s'ériger en tribunal inquisitorial : une seule chose l'intéressait : le désarmement des citoyens qui comparaissaient devant elle.

En résumé, le désarmement de la garde nationale a produit :

DÉSIGNATION DES ARMES ET MUNITIONS.	VERSEMENTS PARTIELS. (1)	LE DÉSARMEMENT COMPRENAIT :	TOTAUX.
Fusils divers modèles	1,980	30,978	32,958
Carabines	59	656	715
Chassepots	142	228	370
Tabatières	248	160	408
Mousquetons	23	32	55
	34,506		34,506
Pistolets	5	»	5
Revolvers	6	»	6
Nécessaires d'armes	45	277	322
Tire-balles	14	203	217
Clefs de cheminées	6	72	78
Monte-ressorts	6	70	76
Sabres de cavalerie ou d'officiers	48	593	641
Coupe-choux	69	808	877
Épics	10	5	15
Clairons	11	2	13
Caisses	61	47	108
Poignards	38	»	38
Haches	8	»	8
Cannes de tambour-maître	2	2	4
Cartouches (paquets)	123	1	124

(1) Opérés isolément, soit par les Gardes Nationaux, soit par les chefs de section de police, soit par divers.

Soit en totalité 34,506 fusils de divers modèles rentrés par suite du désarmement.

CONCLUSION

L'armement général de la ville de Marseille provenait des éléments suivants :

Le 4 septembre 1870 une partie de la population s'était emparée au télégraphe de la préfecture, de fusils............... 100 } et au fort St-Jean de.... ... 755 } La direction d'artillerie de Toulon, fit remettre à la commission d'armement par la garde principal d'artillerie du fort St-Jean, suivant sa lettre d'avis d'expédition du 13 septembre, pour compléter la quantité de 5.000 fusils.....4.145 } 5.000

Le 15 septembre, le Conseil municipal a réquisitionné de M. Zaoué armurier à Marseille, à sa campagne de Mazargues.

Carabines........................ 54 } 649
Fusils à percussion....... 595 }

Le 17 septembre, le Comité départemental de défense nationale a reçu de la direction d'artillerie de Toulon, par le navire le *Caton*, 2.000 fusils d'infanterie de marine transformés...................... 2.000

Le 18 septembre, le comité départemental de défense nationale a réquisitionné à Marseille, dans les magasins de M. Zaoué, armurier :

Fusils modèles 1853 et 1857..216 } 419
Fusils modèle 1822.........213 }

Le 20 septembre, le Conseil municipal a réquisitionné aux Docks, de M. Félix Olivier, consignataire, 1.500 fusils italiens à percussion, en transit pour Madrid 1.500

Et le même jour, de MM. Roland et Desbief, carabines belges....... 97

Le 30 septembre, la direction d'artillerie de Toulon a fait remettre à la commission d'armement, ainsi qu'il résulte de deux lettres d'avis d'expédition de ce même jour, par le garde d'artillerie du fort Saint-Jean, :

Fusils à percussion........3,633 } 3.791
Fusils à silex (1)......... 158 }

Le 30 septembre, le Conseil municipal a acheté de M. Bounin, armurier à Marseille, représentant de M. Breuer, manufacturier à Turin :

Fusils à percussions italiens..... 11.344

Le 21 octobre, le préfet M. Esquiros a réquisitionné diverses caisses d'armes venant d'Afrique, à destination de St-Etienne :

1er lot, fusils à percussion.10,451 } 19.899
2me lot, id. . 9.448 }

Le Conseil municipal a acquis de M. Rodocanachi 360 fusils à percussion, envoi de M. Meissonier, vice-consul au Pyrée, du 27 octobre 1870 360

Le 2 novembre il a été pillé à l'ancienne préfecture, rue Montgrand, 720 fusils, don patriotique, envoyé par la ville d'Athènes au préfet, M. Esquiros 720

Le 29 décembre la direction d'artillerie de Toulon a fait remettre à la commission d'armement, suivant la lettre d'avis d'expédition de ce jour du garde d'artillerie du fort St-

(1) Transformés par la Commune d'Allauch.

Jean, fusils, carabines et mousquetons 745

Le 31 décembre elle a fait verser par le garde d'artillerie du fort St-Jean, suivant ses deux lettres d'avis d'expédition de ce même jour :

Carabines et mousquetons. 48 }
Fusils et mousquetons .... 414 } 462

Le 5 janvier 1871, la direction d'artillerie de Toulon a versé à la Commission d'armement, suivant lettre d'avis d'expédition du garde d'artillerie du fort St-Jean, de ce même jour,

Fusils à percussion, modèle étranger 251

Le 16 janvier, suivant ses deux lettres d'avis d'expédition, fusils et mousquetons .... 144 }
Fusils, carabines et mousquetons................... 294 } 438

Le 18 janvier, le préfet, M. Alphonse Gent, a acheté pour le compte de l'Etat, de M. Mouttet, 918 carabines système Minié............ 918

Le 28 janvier, la direction d'artillerie de Toulon a fait remettre à la Commission d'armement par la garde d'artillerie du fort St-Jean, suivant sa lettre d'avis d'expédition de ce jour : fusils, carabines et mousquetons..................... 107

M. le préfet, Alphonse Gent, a acheté, en outre, pour le compte de l'Etat :

Le 31 janvier, de MM. Ulysse Pilla et Ce :
1192 Chassepots........... 1.192
Le 4 février, de M. Menu:
498 Chassepots........... 498
1 Le 11 février, carabine Minié.............. 1 } 2.054
Du 20 janvier au 11 mars, de divers :
363 Chassepots........... 363

2972 Fusils divers, achetés pour le compte de l'Etat.

Les éléments de l'armement général de la ville de Marseille, s'élevaient à.................................. 30.751

Sur la totalité de ces armes, il a été remis :

Le 3 octobre 1870, aux francs-tireurs de l'Egalité, ainsi qu'il résulte de l'état dressé le même jour par M. de Magallon, chef d'escadron, commandant l'artillerie à Marseille 235

Aux mobilisés, 1re légion, ainsi qu'il résulte de l'état dressé par M. Etienne, major de cette légion, en date du 14 juin 1871............ 2.578

A la 2e légion, ainsi qu'il appert du certificat en date du 8 mai 1871, signé par les membres du conseil d'administration de cette légion :

MM. Thélène, chef de bataillon.
Philippot, chef de bataillon, offic.-major. } 5.295 } 18.367
Carle, capitaine.
Phétu, id.
Guilbert, porte-drapeau, offic.-payeur.

Soit............. 1.650

A la 3e légion, ainsi que le constate M. Templier, colonel de cette légion, par sa lettre du 13 mai 1871...... 1.067

Sur les armes formant l'armement général, il en a été envoyé à l'atelier d'armurerie établi aux Forges et Chantiers de la Méditerranée, à Menpenti, pour être réparés ou expérimentés 12.837

Sur l'armement général il restait donc, distribué à la garde nationale sédentaire....................... 32.384

Les armes entrées à l'atelier d'armurerie, à Menpenti, au nombre de.................. 12.837

En sont ressorties pour diverses destinations, au nombre de 7.827

Et il a été transporté au fort Saint-Jean :
39 caisses fusils bronzés..... 1.180 }
11 caisses fusils modèle 1866....... 198 } 1.378 } 9.205

De telle sorte qu'il y avait dans les ateliers d'armurerie de Mempenti, au 23 mars 1871, ainsi que le justifie l'inventaire dressé par le contrôleur d'armes à cette date 3.632

Depuis le commencement du désarmement, il est rentré à Mempenti des armes qui ont été expédiées à Toulon dans 58 caisses, contenant, d'après état dressé le 17 avril par le contrôleur d'armes et par le garde d'artillerie....... 1.664

Reste une différence de.. 1.968

Dont le montant était répandu dans la population de Marseille et augmentait le chiffre des éléments de l'armement.................... 1.968

Fin mars 1871, il a été pillé à la gare, sur les armes qui s'y trouvaient, venant du camp des Alpines 188

Il y avait donc dans Marseille un total de fusils montant à.......... 34.540

Le désarmement a produit pour la garde nationale, comme le constate le tableau ci-dessus.... 32.054 } 34.506
Les versements partiels.. 2.452 }

Il n'y aurait donc plus que 34 fusils qui ne seraient pas encore rentrés........................ 34

Les armes provenant du désarmement ont été expédiées à la direction d'artillerie de Toulon, savoir :

1° du 7 au 20 avril, ainsi que le constate l'état dressé sous cette dernière date par le garde d'artillerie du fort Saint-Jean, les armes venant du camp des Alpines, soit.................. 15,512 }
2° Et deux wagons trouvés à la gare de Marseille, d'où ils ont été dirigés directement sur Toulon, et qui contenaient............... 2,510 } 18,022

Nota : En ajoutant à ces deux nombres les fusils qui ont été pillés à la gare, ainsi qu'il est dit plus haut..... 188

On a un total de...... 18,210 égal au montant des armes relevées dans le procès-verbal dressé le 15 mars 1871 par M. Falque, capitaine d'artillerie, chargé du désarmement du camp des Alpines.

3° les 58 caisses renfermant les fusils rapportés à Menpenti, d'où elles ont été expédiées à Toulon le 17 avril, suivant état dressé à cette date par le contrôleur d'armes, et par le garde d'artillerie, comme il est dit plus haut................ 1,664

4. Les armes provenant de la garde nationale sédentaire 32,054 } 34,506
et des versements partiels 2,452 }

5. Enfin les armes qui ont été rapportées en exécution de l'arrêté du général en date du 7 avril, à l'Eldorado, gare du chemin de fer, Caserne des Incurables, Hôtel-de-Ville, caserne de Saint-Victor, et au Palais de Justice au nombre de.............................. 1,685

Soit en totalité................ 55,877

En effet, par sa lettre en date du 3 juillet 1871, le colonel Pavillon, directeur de l'artillerie de terre de Toulon, atteste que la totalité des fusils de divers modèles reçus de Marseille jusqu'à cette date, s'élève à............... ...... 55,405 }
Il existe encore au fort St-Jean, à expédier à Toulon, suivant note du garde d'artillerie en date du 27 juin 1871.......... 393 }
En dernier lieu il est rentré à la commission de désarmement.............. 20 } 413 } 55,818

Soit une différence de.......... 59

Qui provient principalement de ce que plusieurs débris ont été comptés séparément par la commission et au départ de Marseille, et ont été, au contraire, calculés d'une façon collective à leur arrivée à Toulon.

Par exemple, un canon de fusil et une crosse provenant de deux dépôts, représentaient deux armes; tandis que pour le classement dans la salle d'armes de Toulon, ce même canon de fusil joint à une crosse n'a été envisagé que comme formant une seule arme. Ainsi, les six caisses de débris, expédiées de Menpenti, le 17 avril, pour un nombre de 243 fusils, ont été classés à Toulon comme en représentant seulement 205, ce qui réduit la différence à 24 armes.

En résumé, il existe entre l'armement et le désarmement une différence en plus de 1,685 *seize cent quatre-vingt-cinq* fusils environ, qui ont été rapportés, comme il est dit plus haut dans six dépôts désignés par l'arrêté du général en date du 7 avril, saus qu'aucune question ait été posée aux personnes qui ont remis ces armes.

Il est donc impossible d'en expliquer leur provenance.

ARMES, PROPRIÉTÉS PARTICULIÈRES DES CITOYENS.

Pendant le désarmement de la garde nationale, avait lieu conformément aux prescriptions de l'arrêté du 9 avril 1871, le dépôt des armes, propriétés particulières des citoyens.

Le préfet, M. le contre-amiral Cosnier, a mis à la disposition de la commission divers appartements dans l'hôtel de la Préfecture. Là les armes sont entreposées, classées et étiquetées avec soin au nom du propriétaire et à l'abri de toute détérioration.

Ce dépôt d'armes par les particuliers s'est fait avec la plus grande spontanéité, peu de personnes même ont demandé des exceptions en leur faveur, exceptions qui, du reste, n'ont pas pu être accordées, malgré le vif désir qu'aurait eu l'autorité de ne pas priver bien des habitants de leurs armes, trophées ou panoplies, précieux soit par leur valeur intrinsèque ou artistique, soit par les souvenirs de gloire ou d'affection qui s'y rattachaient.

Aussi nous le répétons, les plus grands soins ont été pris pour la conservation de ces armes, et pour leur classement de façon à éviter toute confusion, lorsque viendra le jour de leur restitution.

Le dépôt a été constaté sur un registre spécial, tenu jour par jour avec indication du nom et de l'adresse du déposant; de la nature et du nombre des objets déposés.

De ce registre a été extrait chaque mention de dépôt sur des fiches ou répertoire mobile, pour classer par ordre alphabétique le nom des propriétaires.

Enfin, de peur d'intervertissement dans l'ordre de ces fiches, il a été établi un répertoire registre, également alphabétique, et qui est la répartition du répertoire mobile.

Ces répertoires constatent la situation suivante :

Canons	3
Fusils divers modèles	98
Fusils à Tabatière	1
Carabines	73
Mousquetons	24
Chassepots	73
Remingtons	11
Pistolets	259
Révolvers	177
Paquets de cartouches	17
Sabres d'officiers et de cavalerie	135
Briquets et coupe-choux	341
Epées	56
Poignards	21
Boîtes et caisses d'armes	60
Total	1,349

Le dépôt des armes particulières, conséquence du désarmement général de la population, avait entraîné l'obligation d'enlever leurs marchandises aux armuriers et aux représentants de fabricants d'armes.

Désireux de rendre au commerce toute la latitude compatible avec l'état de siége, le général modifiant son arrêté du 9 avril, fit afficher le 12 du même mois l'avis que nous avons avons transcrit plus haut, et qui stipule les conditions auxquelles aurait lieu le commerce d'armes destinées à l'exportation.

Les armuriers conservent dans leur magasin un type de chaque arme ; le surplus est déposé au fort St-Jean, inventaire en est dressé.

La vente des armes est autorisée exclusivement pour l'exportation; toute autorisation de livraison demandée à la commission de désarmement doit éclairer celle-ci sur la destination de ces armes qui ne sont délivrées par le garde d'artillerie que sur la présentation de cette autorisation.

Par suite de l'insurrection qui a eu lieu en Algérie, le général avait jugé opportun de prohiber l'exportation sur tout le littoral africain.

Pour mitiger les effets de cette mesure qui est une nouvelle entrave pour le commerce, le général Espivent s'est concerté avec le gouverneur général de l'Algérie, afin que toutes expéditions pussent être faites par mer, à la condition toutefois que celles destinées à l'Afrique auraient lieu sous le couvert du gouverneur général de l'Algérie qui, à l'arrivée des paquebots, prend telles mesures qui lui paraissent convenables pour la remise aux destinataires.

Le résultat de cette entente entre les deux autorités a été excessivement favorable au commerce, la preuve en résulte de la volumineuse correspondance à laquelle donnent lieu, chaque jour, les demandes d'expéditions, les autorisations d'embarquement qui en sont la suite et l'avis officiel qui en est transmis au gouverneur général par le colonel président de la commission.

Ci-après est transcrit l'accusé de réception par le Vice-Amiral comte DE GUEYDON, qui approuve et modifie ces mesures :

RÉPUBLIQUE FRANÇAISE.

LIBERTÉ. — ÉGALITÉ. — FRATERNITÉ.

GOUVERNEMENT GÉNÉRAL CIVIL DE L'ALGÉRIE.

DIVISION GÉNÉRAL DES AFFAIRES CIVILES ET FINANCIÈRES.

Alger, le 27 juin 1871.

Monsieur le Colonel,

Vous m'avez fait connaître par vos lettres de Juin courant, que vous avez autorisé sous la condition de les expédier à mon adresse, l'embarquement de divers colis d'armes ou munitions de guerre destinées au commerce de l'Algérie.

Je vous remercie de cette communication et je vous prie de continuer à surveiller attentivement les envois de l'espèce qui pourraient être faits à destination de la colonie. Les circonstances dans lesquelles se trouve l'Algérie, rendent cette précaution des plus utiles. Je vous demanderai seulement de vouloir bien faire donner à ces envois, l'adresse du préfet de celui des trois départements où le destinataire est établi.

Recevez, Monsieur le colonel, l'assurance de ma haute considération.

Le Gouverneur général civil de l'Algérie,
Vice-amiral DE GUEYDON.

A Monsieur le Colonel commandant la brigade active à Marseille.

Et le 23 juin 1871, les membres de la commission, dûment convoqués, se sont réunis en assemblée délibérative.

Lecture faite du compte-rendu qui précède, ils ont reconnu qu'ils devaient statuer sur les questions suivantes :

1re *Résolution.*

Au sujet de 27 gardes nationaux qui ont déclaré avoir laissé leurs armes dans la Préfecture pendant la journée du 4 avril ?

La Commission, à la majorité, décide qu'il en sera dressé un état nominatif, qui sera soumis à l'appréciation du général de la division, commandant l'état de siége.

2me *Résolution*

Au sujet de 46 gardes nationaux, qui ont déclaré avoir été désarmés dans la journée du 4 avril, soit par la troupe, soit par la garde nationale,

La Commission décide à la majorité qu'il en sera fait un relevé nominatif à soumettre à l'appréciation du général.

3me *Résolution*

Au sujet de 72 gardes nationaux, qui ont déclaré avoir versé leurs armes dans une des sept localités désignées par l'arrêté du 6 avril mais qui n'en produisent pas de récépissé.

A l'unanimité la Commission décide qu'il sera passé outre.

En conséquence de ce qui précède, les membres de la Commission de désarmement déclarent leur mission terminée.

En foi de quoi ils ont signé le présent compte-rendu.

Marseille, le 30 juin 1871.

Le colonel président,
G. Munier.

Les membres de la Commission,

Salvador.
Spir.
Pasquier.
Caillet.

Le secrétaire,
Hirschler.

Vu et approuvé par nous :

Général commandant la 9e division militaire et l'état de siége,
Espivent de la Villeboisnet.

www.ingramcontent.com/pod-product-compliance
Ingram Content Group UK Ltd.
Pitfield, Milton Keynes, MK11 3LW, UK
UKHW012120240726
13965UKWH00005B/1863

9 782012 953338